무기력

교사의

탄생

무기력 교사의 탄생

곽노근 X 권이근

이매진

가르치는 두 사람이
가르치는 사람들에게
보내는 희망 편지

[이매진의 시선 26]

무기력 교사의 탄생

가르치는 두 사람이 가르치는 사람들에게 보내는 희망 편지

초판 1쇄 2025년 5월 15일
지은이 곽노근 권이근
펴낸곳 이매진 **펴낸이** 정철수
등록 2003년 5월 14일 제313-2003-0183호
전화 02-3141-1917 **팩스** 02-3141-0917
이메일 imaginepub@naver.com
블로그 blog.naver.com/imaginepub
인스타그램 @imagine_publish
ISBN 979-11-5531-152-3 (03300)

여는 편지

저는 무기력 교사입니다

2023년 7월 18일, '서이초 박 선생님'이 교실 한구석에서 세상을 떠났습니다. 발령받은 지 1년이 갓 지난 신규 교사였습니다.

박 선생님은 왜 그런 선택을 했을까요. 우리는 2년 가까이 지난 지금도 이유를 정확히 알지 못합니다. 경찰은 아무에게도 책임을 묻지 않았고, 모두 무혐의로 처리했습니다. 경찰은 졸렬하게도 전 남자 친구하고 이별하면서 생긴 우울증 때문인 양 고인이 쓴 일기장을 뚝 잘라 흘렸습니다. 그러는 와중에 이른바 '연필 사건' 당사자 아이 중 한 명을 키우는 학부모가 현직 경찰과 검찰 수사관인 사실이 알려졌습니다. 나머지 당사자 학부모들은 그 극성스러운 네티즌 수사망에도 포착이 되지 않아 신상이 끝내 알려지지 않았습니다. 마녀사냥식 신상 공개가 바람직하지는 않지만, 대체 누구길래 이렇게 철통같이 감추는지 의문을 자아내기에 충분했습니다.

연필 사건. 두 아이가 다투다가 한 아이가 다른 아이 이

마에 연필을 휘둘러 상처가 났습니다. 안타까운 일이고 괘씸하기도 하지만, 아이들이 1학년인 점을 고려해야 합니다. 교사, 아이, 학부모가 함께 머리를 맞대고 해결해야 합니다. 그러나 협조는 되지 않았고, 학부모들은 '내 새끼'만 당해 억울하다는 마음만 가득했습니다.

연필 사건뿐만이 아닙니다. 박 선생님 반에는 막말하고 난동 부리는 아이가 여럿 더 있었습니다. 그런 아이가 한 명만 있어도 선생님과 반 아이들은 이루 말할 수 없는 고통을 겪습니다. 그래도 협조하고 지지하는 학부모들이 함께한다면 버틸 수 있습니다. 현실은 그렇지 못했습니다. 되레 다른 반에 비교할 수 없이 많이 쏟아진 학부모 민원은 박 선생님의 목을 서서히 옥죄었습니다.

그래도 박 선생님은 마지막까지 제 할 일을 다 하려 애썼습니다. 사건이 있기 겨우 몇 시간 전, 하이클래스 알림장에 아이들이 해야 할 미션 과제와 그날 배운 과목별 학습 내용을 올렸습니다. 박 선생님은 무슨 심정이었을까요. 글을 올리고 몇 시간 후, 박 선생님은.

《무기력 교사의 탄생》이 시작한 곳

처음 시작을 서이초 박 선생님의 이야기로 열었습니다. 그

까닭은,《무기력 교사의 탄생》이 더도 말고 덜도 말고 서이초 사건에서 비롯된 책이라고 해도 지나친 말이 아니기 때문입니다. 서이초 사건은 훨씬 이전부터 씨앗이 심겨 있었습니다. 그러나 아는 사람은 모두 알지만 어떤 이에게는 아직 어슴푸레하게 보이던 학교 둘레 어두운 모습이 땅 위로 또렷하게 솟아난 계기는 서이초 사건이었습니다. 이 사건이 아니라면 우리는 이렇게 또렷이 보려는 노력조차 안 했을지도 모릅니다.

또 다른 계기는 대학 동기이자 저보다 아홉 살 더 먹은 형 권이근 선생님이 한 제안이었습니다. 한 달에 한 번씩이라도 편지를 주고받으며 교육 문제를 풀어 보자는 형은 할 말이 많아 보였지만, 한편으로는 힘이 좀 빠져 보였습니다. 소식이 뜸하던 요 몇 년 사이, 형은 아동 학대로 신고당했습니다. 대학에서 저를 만나기 전부터《녹색평론》을 성경처럼 들고 다닌 형이, 대안 교육을 고민하며 다양한 교육 현실을 두루 살핀 형이, 교사가 되어서도 누구보다 열심히 혁신 교육을 하려 노력한 형이 아동 학대로 신고당한 현실은 충격적이었습니다. 어쩌면 교직이라는 끈을 놓아 버릴지도 모를 듯한 말투와 태도에 놀라 얼른 형이 한 제안을 받아들였습니다. 형이 하는 이야기를 듣고 싶었습니다. 형이 이야기를 풀어내 정리하다 보면, 다시 힘을 낼 수도 있다는 일말의 기대도 품었습니다. 자율연수 휴직을 이용해 캐나다로 잠시 떠난 형은 과연 다시 학교로 돌아왔을까요. 1년 넘게 주고받은 편지글이 책으로 묶인다는 건 아마 새로운 출발을 알리는, 긍정적인 신호탄이겠지요.

두 무기력 교사가 내놓는 교사와 학교 이야기

우리는 교사라서 교사 편향적으로 쓸 수밖에 없었습니다. 서이초 박 선생님의 죽음 뒤로 연이어 드리워진 교사들의 죽음은 그런 편향성을 더욱 부채질했습니다. 둘레 동료들이 죽어 나가는데 마음이 쏠리지 않는다면 그게 더 이상할 겁니다. 다른 사람이 아니라 나에게 닥칠 일일 수 있기 때문입니다.

그 편향성 때문에 또 다른 중요한 것을 놓칠 수 있다는 생각도 합니다. 아무래도 편향된 에너지가 우리 자신, 교사들만을 위해 쓰일 테니 말입니다. 어쩔 수 없이 아이들에게 가야 할 에너지가 줄어들 수 있습니다. 그런 일은 바람직하지 않습니다. 그래서 의식적으로 균형을 잡으려 애썼습니다. 때로 무리해 보일 수 있는 교사 비판도 넣었습니다. 저의 '균형 강박'이 낳은 또 다른 '불균형'일지도 모르겠습니다.

교사가 아무 문제 없다고 보지는 않습니다. 교사 스스로 반성하고 돌아볼 구석도 분명히 있습니다. 그러나 근본적인 문제가 교사에게 있다고 생각하지는 않습니다. 학부모 일반을 욕하고 싶지는 않지만, 많은 학부모 사이에 도도하게 흐르고 있는 '내 새끼 지상주의', 그리고 부당한 간섭과 폭력에 맞서 교사를 보호하는 시스템이 부재한 현실이 좀더 근본적인 문제입니다.

이런 문제들은 교사들에게만 악영향을 끼치지 않습니다. 교사가 받은 악영향은 곧 아이들에게 이어집니다. 교사 스스로 그 악영향을 떨치고 이겨 내서 흔들림 없이 아이들을 가르쳐야 하지 않냐고요? 내가 고소당하고 학교에서 잘리게 된 판국에 그렇게 할 수 있을까요? 교사라면 평균 넘는 도덕성을 지녀야 한다고 생각은 하지만 그렇다고 교사가 성인군자는 아닙니다. 도 닦는 사람이 아니라는 말입니다. 설사 속이 단단해 흔들리지 않고 아이들을 가르치려는 사람이라 해도 내 의지에 상관없이 담임이 여러 번 교체되는 상황에서 무슨 교육을 할 수 있을까요.

서이초 사건 뒤, 교육 현장은 바뀌었습니까? 저는 선뜻 그렇다고 대답하지 못하겠습니다. '교권 5법'이 통과되는 등 변화가 아예 없다고 할 수는 없지만, 막상 현장에 있으면 뭐가 바뀐 것인지 정말 모르겠습니다. 선 넘는 요구를 하는 학부모 이야기를 저는 지금도 여전히 눈앞에서 보고 들으니까요. 그래서 서이초 사건을 아직, 계속 이야기합니다. 학교를 둘러싼 교육 문제 전반을 다루지만, 특히 서이초 사건 이전

과 이후, 그 사건 언저리를 이야기합니다. 아주 명료하고 체계적으로 원인과 해법을 제시하지는 않지만, 교사라면 느낄 법한, 또는 저희만의 문제의식을 다듬고 나름의 대안과 해결책을 냅니다. 조금 어설프더라도 학교 현장에 발 딛고 있으면서 몸으로 부대끼며 느낀 처절하고 처연한 몸부림을 세상에 내놓습니다.

'무기력 교사의 탄생.' 조금 우울하고 말 그대로 무기력한 제목입니다. 그래도 어쩔 수 없습니다. 현실이니까요. 서이초 사건 뒤 더욱 무기력해진 교사를 그린 책 하나쯤은 나와도 된다고 생각합니다. 여기, 무기력 교사 둘이 쓴 글 한 자락, 조심스럽게 내놓습니다.

2025년 봄이 시작되는 어름에,
곽노근 씀

차례

여는 편지 저는 무기력 교사입니다   5

대한민국 학교는 죽었습니다   13

제가 조금 더 힘을 내겠습니다   20

교대에서는 학교를 가르치지 않습니다   25

이런 연수를 교대에서 배웠더라면   33

슈퍼맨과 공공의 적 사이, 우리 교사 맞지요?   44

교사는 가르치는 사람입니다   54

학교에서 수통 바꾸기가 이어지기를 바랍니다   67

무기력 교사가 탄생하고 있습니다   79

"네, 그냥 안 하기로 했어요"   93

'우리들의 학교'에서 교사도 학생도 상처받습니다 106

당신은 태양인가요, 아니면 바람인가요? 126

그 아이는 도대체 왜 그렇게 됐을까요? 141

나를 있는 그대로 사랑하는 법을 아시나요? 162

어떤 세상에서 아이를 키우고 싶으세요? 176

교사들은 모두 예술가잖아요 190

학부모님, 아이에게 스스로 해결할 기회를 먼저 주세요 206

오늘 당장 미래를 살래요 220

가르친다는 건 (　　) 것 237

닫는 편지 미지의 그대에게 253

대한민국 학교는 죽었습니다

보낸사람 권이근

받는사람 곽노근

2023년 10월 23일 (월)

노근 선생님. 한동안 연락이 뜸했는데, 그간 건강히 잘 지내셨는지요. 작년에 서울에서 밥 한 끼 같이했다고 생각했는데, 벌써 3년 전 일이었네요. 요즘은 시간이 왜 이리 빨리 흘러가는지 모르겠습니다. 제가 사는 시골에서는 찬란하던 황금 들판이 어느새 텅 비어 가고 있습니다. 지난 몇 달 동안은 깊은 무기력에 빠져 있다가 풍요로운 가을을 맞아 다시 살아나는 듯했지요. 그렇지만 가진 것 다 떨구어 내는 시절이 찾아오니 잊은 듯하던 우울감이 다시금 폭풍처럼 밀려듭니다.

깊은 밤 떠올리는 학교의 죽음

뭐라도 하지 않으면 견딜 수 없는 깊은 밤, 교대 동기 노근 선생님이 떠올랐습니다. 선생님은 《거침없이 교육》이라는 책으로 한국 교육에 날 선 비판을 날려 신명을 일깨워 줬지요. 저는 지금, 7월 어느 날 교실에서 스스로 목숨을 거둔

한 신규 교사를 생각합니다. 선생님은 이 죽음을 어떻게 바라보는지 궁금합니다.

저는 감히 이렇게 말하고 싶습니다.

"대한민국 학교는 죽었습니다."

아무도 이런 이야기를 대놓고 하지는 않지만, 저는 그렇게 말할 수밖에 없습니다. 우리나라 자살률이 전세계 1위라고 합니다. 하루에도 수십 명씩 목숨을 끊는데 유독 교사 자살만 문제라고 고집할 수는 없을 겁니다. 그래도 교대를 갓 졸업하고 교단에 선 새내기 교사가, 오랜 꿈을 피우지도 못한 채, 그것도 교실에서 스스로 목숨을 끊을 수밖에 없는 여러 가지 이유를 가만히 생각하면 '학교의 죽음'을 떠올리게 됩니다. 분명히 이 사건은 서이초 선생님 한 사람의 죽음을 넘어 대한민국 학교의 죽음을 뜻합니다. 겉으로 드러난 이유는 학부모가 제기한 악성 민원을 주위 도움 없이 고스란히 혼자서 감내하게 하는 지나친 업무 스트레스라고들 합니다.

왜 오늘날 학교는 모든 책임을 교사 개인에게만 지우려 할까요? 교장 선생님과 교감 선생님이 악성 민원을 제기하는 학부모를 만나 중재할 수는 없었을까요? 교원평가 제도를 도입한 뒤 밀려드는 학부모 민원을 관리자들이 중간에 개입해 중재하는 시스템이 자리 잡은 학교라면 어땠을까요? 저도 학교 폭력 관련 민원 때문에 힘들 때 수석교사 선생님이 학부모 상담을 지원해 주셔서 복잡한 상황을 쉽게 푼 적이 있습니다. 한국 사회는 누가 뭐라 해도 연륜과 권위를 존중하는 분위기가 암묵적으로 있으니까요.

나아가 지금처럼 전화로 간단하게 민원을 제기하는 대신 민원 제기자가 권리를 누리는 동시에 책임과 의무도 다할 수 있도록 정당한 행정 절차를 거치게 하면 어땠을까요? 무슨 온라인 쇼핑몰 배송 서비스에 항의하는 것보다 더 손쉽게 전화 한 통에 온갖 불만을 쏟아낼 수 있다는 게 이해하기 어렵습니다. 영화 〈다음 소희〉에 나오는 장면들에 젊은 교사들을 둘러싼 상황이 겹쳐 떠올라서 두려움이 더 커져만 갑니다.

교사를 향한 무자비한 고소, 고발, 기소가 이어지는 과정에서 교육부와 교육청은 왜 교사를 지원하지 않을까요? 오로지 교사 혼자서 외롭게 싸우도록 내버려 두는 모습이 마치 자기 가족을 책임지지 않는 부모처럼 보인다면 억지일까요? 이런 현실을 반영해서 발 빠른 보험 회사들이 교사를 대상으로 고소나 고발에 관련해서 법률 비용을 지원하는 보험 상품을 판매하고 있다고 합니다. 그저 헛웃음만 나올 뿐입니다. 그야말로 대한민국은 각자도생의 싱크홀 속으로 깊이 빠져들고 있습니다.

신규 교사에게는 1학년 담임을 맡기지 않는 교직 문화라면 어땠을까요? 학년 배정을 할 때 학년성과 교사의 숙련도를 고려한 최소한의 합의 문화가 학교 현장에 없지 않은데, 왜 좀더 세심한 배려와 지원이 미치지 못한 걸까 원통하기만 합니다. 적어도 아이를 키워 본 교사나 경력이 5년은 넘는 교사를 1학년에 배치한다는 합의 정도는 있어야 하지 않을까요. 저는 작년과 올해 연달아 1학년 담임을 맡으면서 6학년 담임 못지않게 어려운 학년이 1학년이라는 것을 뼈저리게 느꼈습니다. 학교 사회화의 시작점이라 학부모들 관심이 최고조일 수밖에 없고, 당연히 자녀의 학교 적응에 관련된 상담과 민원도 잦을 수밖에 없기 때문입니다.

"뭐야, 이게 말이 돼? 정말 괜찮은 거야?"

터져 나오는 불만과 이해할 수 없는 불합리가 너무나도 많아서 치솟는 화를 어떻게 다스려야 할지 모르겠습니다.

솔직히 저는 제 딸과 아내를 서이초 사건이 터지기 전 2022년에 캐나다로 유학 보냈습니다. 어떻게 교사가 자기 자식을 외국으로 유학 보낼 수 있느냐고 둘레에서 많이들 이야기합니다. 그렇지만 저도 2021년에 아동 학대로 고발당한 적이 있었습니다. 아마 저는 이미 그때부터 대한민국 학교의 암울한 미래를 예감한 듯해요. 그리고 안타까운 죽음을 맞은 서이초 선생님 소식에 더 깊은 우울감과 무력감에 빠지는지도 모르겠습니다(저는 내년에 1년간 휴직에 들어갈 예정입니다).

혁신학교 5년을 보내면서 뼈를 갈아 넣을 정도로 학교에 헌신한 제게 벌어진 일이라 충격이 상당했습니다. 아니, 그때는 솔직히 버틸 만했어요. 학생이 신고한 당일에 바로 그 아이 부모님이 사과 전화를 걸기도 했고, 학생이 경찰에 신고한 뒤 매뉴얼에 따라 진행된 경찰 조사와 지자체 아동복지과 조사도 큰 문제 없이 넘어갔으니까요. 그렇지만 지금까지 억누르고 있다가 서이초 사건을 접한 후에 터져 나오는 제 안의 모든 부정적 감정들을 감당하기가 어렵습니다.

사실은 그때 제 상태가 괜찮지는 않았죠. 뭐랄까, 믿는 사람에게 배신당한 느낌이 강하게 밀려들었어요. 철저히 침묵하는 동료 교사들이 가장 힘들었습니다. 영화에서 소희가 그런 것처럼 의지할 사람을 찾을 수 없는 그 상황에 치가 떨렸죠. "뭐야, 이게 말이 돼? 정말 괜찮은 거야?" 경찰 역으로 나온 배두나가 소희에게 한 말이에요. 아무나 다가와 한 마디라도 건네고 지지하는 동료가 있었다면, 이렇게 후폭풍에 시달리지는 않았겠죠. 지금까지 부모님께도 말하지 못한 치욕의 순간을 오로지 아내가 건넨 위로에 기대어 버틸 수 있었어요. 다행스럽게도 첫 동시집 《오줌왕의 탄생》을 출간하는 때하고 정확히 맞물렸죠. 새롭게 도전하는 시간을 통해 제 안에 끊임없이 긍정적 에너지를 불어넣으려 한 덕분에 버틸 수 있었답니다.

그런데 첫 동시집 서문에 적은 대로 저는 지금까지 아이들에게 잘못한 일이 너무나도 많습니다. 아동 학대로 신고당한 사건만 해도 그렇습니다. 만일 그 학생에게 수학을 지도하면서 위압적인 언행이 아니라 부드러운 태도를 끝까지 견지할 수 있었다면, 참고, 참고, 또 한 번만 더 참았으면 어땠을까요. 솔직히 할 말이 없습니다.

그래서 저는 이제라도 제가 만난 아이들에게 깊이 사과하는 마음을 전하는 반성문을 쓰려고 합니다. 마음속 이야기를 솔직히 털어놓고 사죄해야만 올곧게 일어나 당당히 세상을 살아갈 건강한 힘을 얻을 수 있다고 생각했습니다.

희망 씨앗을 찾는 편지

더불어 노근 선생님께 제안을 하나 드립니다.

서로 편지를 주고받으면서 이번 서이초 사건으로 온 세상에 드러난 공교육 난맥상을 살펴보고, 대한민국 학교가 부활하는 데 무엇이 필요한지 하나하나 살펴보자는 겁니다. 여러 교사 모임과 학교 수업, 각종 업무로 바쁘신 줄 압니다. 그렇지만 한 달에 한 번만이라도 여유를 갖고 편지를 통해 희망의 씨앗을 찾아가는 여정에 함께해 주시기를 간곡히 부탁합니다. 저에게는 선생님이 지닌 건강한 비판 정신과 사안을 꿰뚫어 보는 통찰력이 절실하기 때문이며, 이 여정이 교직에서 앞으로 얼마나 버틸 수 있을지 알 수 없는 제게 커다란 힘이 되리라 믿기 때문입니다.

차가운 바람이 부니 벌써 겨울이 가까워진 듯합니다. 모쪼록 건강 관리 잘하시기를 바라며, 오늘은 이만 줄이겠습니다. 반가운 답장을 기다리며 살아가겠습니다.

제가 조금 더 힘을 내겠습니다

보낸사람 곽노근

받는사람 권이근

2024년 1월 7일 (일)

이근이 형, 편지가 너무 늦었지요? 폭풍처럼 몰아치는 학교 업무에 치여 형에게 편지 보낼 시간도 내기 힘들었다고 말한다면 너무 뻔뻔한 핑계 같지요? 맞아요, 그런 말은 핑계라고 볼 수 있지요.

일단 미안해요, 형.

그런데 절반 정도는 또 맞는 말이기도 합니다. 학교는, 정말 바쁩니다. 정말 바빠서 수업 준비 할 시간조차 없을 정도입니다. 학교 밖 사람들은 뭐가 그렇게 바쁘냐고 하겠지요? 학교 상황을 모르니까요.

수업이 끝나면 남는 두 시간 안에 몰려드는 행정 업무를 끝내기조차 버거워, 교실 정리와 아이들 평가 자료, 과제물 확인은 고사하고 내일 할 수업을 준비할 시간은 언감생심 꿈도 꿀 수 없다는 것을요. 언젠가 이 문제로 형이랑 같이 이야기할 시간이 있겠지요?

늘 죽어 있던 대한민국 교육

―――――

 형이 보낸 편지는 정말 반가웠습니다. 처음 대학을 들어와 방황하는 저에게 한 줄기 진한 빛을 준 사람이니까요. 저보다 아홉 살이나 많은 형에게서 안정감을 느꼈습니다. 그 안정감은 그저 나이 때문이 아니었습니다. 나이 먹고도 철이 없는 사람, 고민 없이 살며 그저 시류에 휩쓸린 꼰대 같은 이도 부지기수이니까요. 형이 준 안정감은 '세상을 고민하며 살아온 사람'에게서 느껴지는 그 무엇이었습니다.

 《녹색평론》을 성경처럼 읽던 형의 생태주의적 감수성, 독단에 빠진 기독교인들하고 다르게 본연의 '예수'를 닮고자 애쓰며 낮은 것들에 닿아 있는 형의 시선은 저에게 본보기가 되었습니다. 그런 연장선에서 형의 눈은 대안 교육으로 향해서 저를 어느 대안 학교 품앗이로 데려가기도 했지요. 생태적 삶을 꿈꾼 형은 경기도 어느 도시에 버젓이 임용된 뒤 충청남도 홍성으로 전출을 쓰더니 정말 그곳으로 내려가 '시골'에 집을 짓고 '시골' 학교 교사가 되었지요. 그곳 혁신학교에서 형은 형 표현대로 '뼈를 갈아' 넣은 것으로 알아요. 그런 형에게 '아동 학대'라니요. 형 삶이 부정당하는 느낌이었겠어요. 그 먹먹함을, 그 외로움과 쓸쓸함을 감히 어떻게 말로 다 할 수 있을까요.

형 말대로 대한민국 교육은 죽었습니다. 그런데 따지고 보면, 언제고 살아 있던 적이 있나 싶습니다. 우리가 학교에 다닐 때도 대한민국 교육은 죽어 있었으니까요. 과거 교육은 과거 교육대로 너무나 문제가 컸지요. 권위주의적이고 국가주의 문화로 가득 찬 시대상을 반영해 교실 또한 그러했으니까요. 그때는 오히려 뜻을 품은 교사들에게 희망이 있던 시대 같습니다. 민주화를 향한 희망이 교실까지 찾아와 큰 교육을 할 수 있으리라는 희망이요. 그런데 지금은 어떤가요.

민주화는 되었건만, 그래서 교실에 국가주의 문화는 많이 사라졌건만(잔재가 없다고 할 수는 없겠지요. 이를테면 '국기에 대한 경례'나 '차렷, 공수' 같은 말과 행동이 여전히 널리 쓰이니까요), 희망은 보이지 않으니까요. 우리가 열심히 교육하려 해도 어떤 보호도 받지 못하니깐요. 낭떠러지에 선 채 가까스로 교육을 끌어가고 있는 우리는 손가락 하나로 톡 건드려도 저 깊은 절벽 아래로 떨어져 다시는 일어서지 못할 테니까요.

2023년 7월 18일. 그날 일을 어떻게 말로 다 표현할 수 있을지 모르겠습니다. 앞으로 얼마든지 예쁘게 활짝 필 수 있는 한 송이 꽃이 짓이겨진 그날을요. 수업이 끝나고 하이클래스 공지에 박 선생님은 마지막까지 글을 올리셨습니다.

그때까지 박 선생님은 살고자 하는 의지가 남아 있었을까요. 아니면 쓰면서 죽음을 예감했을까요. 사실 그건 중요하지 않겠지요. 박 선생님은 그전부터 살아도 산 게 아니었을 테니까요.

분노가 치밉니다. 연필 사건 학부모, 제대로 중재하지 못한 학교, 이주호 장관을 위시한 교육청과 교육부 관료들, 9월 4일 '공교육 멈춤의 날'에 관리자들이 보인 비겁한 태도들, 무엇보다 그저 '혐의 없음'으로 수사를 종결한 경찰.

형은, 형이 직접 아동 학대로 신고까지 당한 탓에 서이초 사건 이후 느낀 허무감은 이루 말할 수 없을 겁니다. 형이 교사를 그만둔대도 누가 뭐라 할 수 있을까요. 물론 저는 형이 조금 더 힘을 내주기를 바랍니다.

1년간 자율연수 휴직을 냈다고 들었습니다. 잘하셨습니다. 1년간 좀 쉬세요. 그동안 쉼 없이 달려오셨습니다. 상처를 보듬는 시간을 충분히 가지시기를 바랍니다. 그만둘지는 그다음에 생각해도 되지 않을까 싶습니다.

형이 지금껏 쌓은 경험과 능력이, 형이 품고 있는 힘이 너무 아깝습니다. 남은 아이들과 후배 교사들을 위해 조금만 더 힘을 내주시기를 바라지만, 무작정 요구할 수 없는 일이지요. 형이 어떤 선택을 해도 존중하고 지지하며 응원할 겁니다.

운, 교사로 살아가는 데 가장 필요한

대신 제가 조금 더 힘을 내보겠습니다. 사실 저도 몇 년 전 한 아이와 부모 때문에 너무 괴롭고 힘들어 교사를 그만두고 싶은 적이 있었습니다. 그동안 부족하지만 아이들을 위해 나름 애쓰고 힘닿는 데까지 노력하고 있다고 생각했는데, 그 한 사건으로 무너져 내렸습니다. 내가 과연 자격이 있을까 싶은 생각까지 들었지요. 다행히 다시 힘을 내서 지금은 또 그럭저럭 행복하게 아이들을 만나고 있습니다.

앞으로는 사실 운입니다. 몇 년 전 만난 그런 아이와 학부모를 또다시 만난다면, 솔직히 저는 자신이 없습니다. 감당할 자신이. 그렇지만 그건 그때 가서 생각해 보렵니다. 그동안 더 단단해지고, 이 땅의 교육이 다시 살아나는 데 조금이라도 보탬이 되도록 노력해 볼까 합니다. 거기까지 가는 길에 형이랑 나누는 편지가 큰 힘이 되지 않을까 싶습니다.

편지 주셔서 고맙습니다. 형 마음이 조금이라도 편안해지시기를 바랍니다. 다음 편지 기다리겠습니다.

교대에서는 학교를 가르치지 않습니다

보낸사람 권이근

받는사람 곽노근

2024년 2월 7일 (수)

노근 선생님, 보내 주신 답장을 받고 저는 다시 태어나는 기분을 느꼈습니다. 적어도 노근 선생님께 제가 가치 있는 존재라는 말씀이 얼마나 위안이 되는지 몰라요. 이렇게 저는 다시 한 번 힘을 내 살아갈 이유를 얻게 됩니다. 고마워요.

어느 신규 초등 교사의 하루

제가 2023년 10월 23일에 편지를 보내고 2024년 1월 7일에 답장을 받았으니, 두 달이 훌쩍 지났습니다. 제 예상대로 선생님은 학년말에 처리해야 할 온갖 행정 업무에 시달리셨다지요. '과도한 행정 업무'라는 말을 들으면 저는 2007년 첫 신규 발령을 받고 보낸 한 학기를 정말이지 잊을 수가 없습니다. 학교는 제가 상상하고 교대에서 교육받은 모습하고 완벽하게 달랐으니까요.

첫 발령 학교에서 두 달 정도는 일과 중(아이들이 하교하기 전)에 화장실 갈 시간도 없었습니다. 물론 나이 서른에 다시 수학능력시험을 보고 교대에 들어가 새롭게 인생 2막을 시작한 만큼 잘해야만 한다는 긴장에 사로잡힌 것도 사실입니다. 그렇지만 수업 시간에 수시로 모니터에 올라오는 각종 업무 관련 팝업 메시지에 응대하고 관련 업무를 처리하는 사이에 수업을 진행하는 일이 처음에는 너무나도 버거웠습니다. 요즘은 이런 업무 전달 메시지를 수업 중에 함부로 보내지 못하는 분위기여서 얼마나 다행인지 모르겠습니다. 그런데 여전히 교육청이나 일부 관리자들은 일과 중에 공문 관련 업무 지시를 내리고 있습니다.

점심시간에 밥 먹고 화장실에 가면 되지 않느냐고 웃으며 물으신다면 어떻게 대답해야 할까요. 하루에도 서너 차례 사소한 다툼을 벌이는 아이들이 언제 또 그럴지 몰라 함부로 교실을 비울 수도 없다면 학교 밖 사람들은 이해할 수 있을까요?

설상가상으로 저는 9월 1일 자 중간 발령을 받았는데, 하필이면 직전 담임 교사가 대단히 엄격하게 운영한 학급이었습니다. 그러니 나이가 서른 중반이기는 해도 말랑말랑한 신규 교사가 새 담임으로 들어오니 아이들이 오죽했겠습니까? 정말 드라마에서 나오는 장면처럼 여기저기서 수업을 방해하는 행동이 터져 나왔죠.

그렇지만 첫 발령 받은 그때 저는 옛날 교사들이 보여 준 폭압적인 모습을 닮고 싶지 않아서 거의 모든 걸 다 들어주고 이해하려고 했습니다. 지금 생각해도 참 순수한 교사였다 싶어요. 교과 전담 교사를 맡은 원로 선생님께서 혀를 끌끌 차며 묘한 웃음을 흘리던 모습을 아직도 잊을 수가 없습니다. 심지어 급식 시간에 다투는 아이들 이야기를 들어주고 갈등을 조정하느라 점심도 먹지 못한 적이 여러 차례 있었습니다.

아무리 이렇게 장황하게 설명해도 초등 교사가 아니면, 심지어 같은 학교에 근무하는 행정직 직원들조차 절대 이해하지 못한다고 생각합니다. 왜냐하면 저도 제가 이렇게 교사 생활을 하리라고 전혀 상상하지 못했으니까요. 교대를 졸업하고 발령받기 직전에도 정말 몰랐으니까요.

교육대학교 유감

이쯤에서 두 가지를 노근 선생님이랑 함께 이야기해 보고 싶다는 생각이 번뜩 떠올랐습니다.

하나는 교원 양성 기관에서 실행하는 교육 내용이 실질적으로 바뀌어야 한다는 점이고, 다른 하나는 이제는 고리타분하다고 말할 정도로 널리 알려진 문제, 곧 교사에게 주어진 과도한 행정 업무입니다.

이번 편지에서는 우선 초등 교원 양성 기관인 교육대학교를 실질적으로 개혁할 방향에 관해 제 생각을 전하고 싶어요.

2021년 연말에 교육부가 교원 양성 체제 발전 방향을 발표한 적이 있었습니다. 여러 개혁 과제가 지금 어떻게 진행되고 있는지 구체적으로 들려오는 내용이 없어서 여전히 교육부는 늘 그렇듯 요란한 빈 수레일 뿐이라는 생각에 빠져듭니다.

그런데 그때 한 발표 중에서 가장 반가운 내용이 두 가지 있었어요. 첫째는 현행 4주인 교육 실습 기간을 한 학기로 연장한다는 것이고, 둘째는 4년제 학사 과정을 5년제 석사 과정으로 전환하여 연구 능력을 겸비한 교사를 양성하겠다는 것이었습니다. 화장실 갈 시간도 내기 버거운 초임 교사 시절에 제 머릿속을 늘 맴돈 생각이 바로 '교생 기간 연장'이기 때문이었습니다.

교대에서는 교수법이나 교수 학습 방법론에 치중해 교사를 양성합니다. 그래서 교생 실습 기간에 교대생이 하는 경험도 수업을 계획하고 진행한 뒤 현직 교사들이 참여하는 평가회를 열어 수업 내용을 나누는 정도가 전부입니다. 드물게 현직 교사 중에서 학급 경영 노하우나 학교 현장에서 느낀 문제점 등을 담아 애정 어린 조언을 건네는 분도 계십니다. 그렇지만 현직 교사들은 대부분 교생 실습 기간이 빨리 끝나기를 바랍니다. 교생 실습 기간 동안 풀어진 아이들 태도를 바로잡는다면서 학급 분위기를 지나친 긴장 상태로 되돌리는 현직 교사도 많이 있지요.

따라서 4주인 교생 실습 기간은 학교의 참모습을 경험하는 데 너무나도 짧습니다. 4주 동안 학교가 교육 활동이 아닌 일들로 교사가 지닌 역량을 얼마나 과도하게 소진시키는지 알기 힘듭니다. 나아가 교사들이 학교 현장에서 수업보다는 생활 지도에 더 많은 에너지를 쏟아야 한다는 것도 알 수 없습니다.

서이초 사건이 벌어진 표면적 원인도 이른바 '연필 사건'이라는 학급 내에서 일어난 다툼이었지요. 학교가 그야말로 거대한 정신 병동 같다고 표현하면 사람들이 저를 극단주의자라며 비난할지도 모르겠습니다. 그렇지만 학교 안에서 벌어지는 아이들 다툼을 조정해야 하는 교사 업무는 상식 수준에서 해결할 수 없는 부조리의 결정판이라고 말해도 절대로 지나치지 않다고 저는 생각합니다.

또한 교대에서는 학부모가 학교 교육 공동체에 속하는 협력적 관계라고 이야기할 뿐 감당하기 힘든 민원의 주체자라는 것을 가르치지 않습니다. 당연히 교생 실습 기간에도 현직 교사들을 통해 학부모 민원에 대응하는 애환을 전해 듣기가 쉽지 않습니다. 불길하게도 현장 교사들은 서이초 사건 뒤로 잠시 학부모 민원이 줄어드나 싶더니 실제로 큰 변화는 없다고 한결같이 증언합니다.

저는 한 학기가 아니라 3년 정도 교대 교육을 받고 1년을 학교 현장에 투입되어 기간제 교사처럼 교실을 경험한 뒤 다시 교대로 복귀하여 2년 정도 연구 과정을 거쳐서 정교사로 임용되는 방식을 생각했습니다. 이렇게 젊은 교사들이 현장을 경험한 뒤 다시 교대로 돌아가 연구한다면 학교에 실질적으로 필요한 연구 결과들이 쏟아져 나올 것이며, 이런 변화는 자연스럽게 교육이 근본적으로 발전하는 방향으로 이어질 수 있다고 봤습니다.

1년 동안 현장을 경험하면서 교사의 삶이 자기가 생각한 모습하고 매우 다르다고 판단할지도 모를 교대생들에게는 새로운 진로를 개척할 수 있는 기회를 줄 수도 있습니다. 교육 행정 관련 연구 과정을 신설해서 석사 과정을 마친 교대생이 교육 행정직으로 진로를 바꿀 수 있다면 얼마나 좋을까요? 교육 현장을 전혀 알지 못하는 관료들이 교육 정책을 만드는 교육부를 근본적으로 개혁하는 실마리가 될 수 있다는 행복한 꿈도 꾸어 봅니다.

또한 교육대학교에서 교수가 연구하는 주제를 중심으로

교육 내용이 구성되는 관례를 깨고 현장 중심으로, 현장 교사에게 실질적으로 필요한 영역을 바탕으로 교육 내용이 재구성될 가능성이 커지지 않을까 상상해 보았습니다. 그리하여 학교 현장과 교원 양성 기관이 유기적으로 연결되어 서로 발전을 이끄는 선순환 관계를 형성한다면 대한민국 학교에도 새로운 희망의 혈액이 공급될 수 있다는 확신이 들었습니다.

희망의 노래를 준비하는 달콤한 방학

선생님은 절망적인 현실에서도 한국 초등 교육을 바꿀 희망을 찾기 위해 겨울 방학 동안 프랑스로 교육 탐방을 떠나신다고 들었습니다. 프레네 교육으로 유명한 프랑스에서 교원 양성 체제와 현직 교원 재교육을 진행하는 모습도 자세히 보고 다음 답장에 담아 주시면 좋겠습니다.

참으로 달콤한 방학입니다. "교사들은 방학이 있어 좋겠어? 일도 안 하는데 월급 주잖아!" 학교 밖 사람들은 이러면서 비꼬기 일쑤입니다. 그렇지만 방학이 없다면 우리 교사들은 어디에서 버틸 힘을 찾을 수 있을까요.

부디 선진국 교육 현장만 보시지 말고 아름답고 찬란한 유럽 문화와 풍광도 가슴에 가득 담아 오시기를 바랍니다.

그리하여 그 힘으로 또다시 아이들에게 새로운 희망의 노래를 불러 주시기를 바랍니다.
 답장 기다리며 열심히 살아가겠습니다.

이런 연수를 교대에서 배웠더라면

보낸사람 곽노근

받는사람 권이근

2024년 2월 29일 (목)

부끄럽습니다. 형에게 두 달도 훌쩍 넘어 답장한 일이요. 그래요. 형 말처럼 온갖 행정 업무와 해야 할 일들로 꽉 찬 일상 때문에 정신없이 바빴습니다. 이런 말이나마 핑계를 대며 형에게 미안한 마음 전합니다.

뭐, 두말할 것 없이 늦은 답장은 제 게으름 탓이었지만, 한편으로 정신없이 바쁜 건 사실입니다. 학교에 있으면서 바쁘지 않은 적은 없었지만, 특히 11월 말에서 12월은 정말이지 너무 바빴습니다. 학기 말 성적과 학년 말에 자잘하게 처리해야 할 일들의 홍수 속에서 허우적거렸지요.

할 일이 많아도 물론 퇴근 시간은 지켰습니다. 아, 여기서 잠시 퇴근 시간도 짚고 갈까요? 학교마다 조금씩 다를 테지만, 보통 출근 시간은 오전 8시 30분이고 퇴근 시간은 오후 4시 30분입니다. 사람들은 퇴근 시간이 빨라서 좋겠다고 하지만, 다른 직장인들이 보통 일하는 여덟 시간을 똑같이 지켜서 하는 퇴근이니까 그런 말 들으면 조금 억울합니다.

보통 직장인들은 9시 출근 6시 퇴근일 테니까 교사들 퇴근 시간이 뭔가 빠르게 느껴질 법합니다. 그런데 교사는 중간 점심시간이 없습니다. 아니, 있기는 있지만 있어도 있는 게 아닙니다. 점심시간을 온전히 쉴 수 없으니까요. 아니, 온전히 쉬는 건 애초에 말이 안 되고, 그 시간은 온전히 근무 시간입니다.

아이들이랑 함께 밥을 먹으며 급식 지도를 해야 하고, 밥을 먹으러 가는 중에도 다툼, 먹으면서도 다툼, 다 먹고 나서도 다툼이 일어나기 일쑤여서 중재하느라 쉬는 건 애당초 가능하지 않거든요. 그럴 뿐만 아니라 학습이 느린 아이를 봐주거나, 그전 쉬는 시간에 벌어진 다툼이 해결 안 되어 다시금 중재하거나, 다음 수업을 준비하거나 해서 이 시간 역시 쉴 틈이 없거든요. 그래서 점심시간은 온전히 근무 시간으로 쳐야 하니까 퇴근 시간도 그만큼 빨라지는 것이지요. 그런데 많은 사람이 그런 사실은 알지 못한 채 그저 퇴근 시간이 빠르다고만 하지요.

수업이 끝나고 남는 두 시간에서 두 시간 반 정도 되는 시간은 행정 사무 처리와 과제 점검과 수업 준비를 하는 데 정말 턱없이 모자랍니다. 아까 이야기한 12월 즈음은 더더욱 그렇습니다. 넘쳐 나는 일에 파묻히면서도 퇴근 시간은 지켰습니다. 그래도 집은 정말 가고 싶으니까요. 그리고 학교에서 야근한다고 초과 근무를 마음 편히 달 수 있는 문화도 아닙니다. 그저 공짜로 초과 노동을 해야 하는 것이지요.

어떤 이는 또 이야기하겠지요. 일이 많다고 하지만 그래도 어찌어찌해서 근무 시간 안에 다 하지 않냐, 일반 직장에 다니는 사람들은 다 야근하면서 엄청나게 일하는데 너희는 안 그러지 않냐고요. 그 넘쳐 나는 일, 저는 집으로 가져갑니다. 그래도 학교보다는 집에서 하는 쪽이 편하니까요. 학교 일을 집에 가져와서 한 적이 한두 번이 아닙니다. 특히 성적 작업이 임박한 때는 밤새우는 일도 많았지요. 저만 그런 걸까요?

프랑스가 교사를 키우는 방식

각설하고, 이런 학교 현실을 교대 다닐 때는 정말 몰랐다는 형 말에 깊이 공감하면서, 교사 양성 체제에 관련해 저도 한 말 보태고 싶습니다.

2021년 연말 교육부가 교원 양성 체제 발전 방향을 발표한 적이 있지만 여러 혁신적 개혁 과제가 지금 어떻게 진행되는지 구체적으로 들려오는 내용이 없어 여전히 요란한 빈 수레일 뿐이라는 생각이 든다고 하셨죠. 아마도 그사이 정권이 바뀌면서 전 정권이 제시한 과제는 감춘 채 2023년 초

내놓은 '교육전문대학원'(교전원) 정책으로 갈음한 듯합니다. 포화처럼 쏟아지는 비판 속에서 그 정책도 슬며시 사라져 버렸지만, 내용은 어느 정도 비슷했습니다. 각계 의견을 별로 수렴하지도 않았고, 교대와 사대 통폐합이나 교사 정원 감축으로 이어질 염려가 있어서 비판도 많았지만, 적어도 교육 실습을 늘리는 쪽으로 가는 방향은 맞다고 봅니다.

일단 2024년 2월에 일주일가량 다녀온 프랑스 교육 탐방에서 느낀 점이 많습니다. 실제 학교 현장을 돌아보고 현장 이야기에 귀 기울이는 탐방이라 교원 양성에 관한 이야기를 들을 수는 없었습니다. 대신 프랑스는 어떻게 교원 양성을 하고 있나 궁금해서 개인적으로 좀 찾아봤습니다.

프랑스도 교원 양성 체제를 여러 번 개편하고 시행착오도 겪었습니다. 우리하고는 체제가 조금 다른데요. 프랑스에서 교사가 되려면 먼저 학사 학위가 있어야 합니다. 우리는 학사 학위 과정이 4년이지만 프랑스는 3년 안에 마칩니다. 학사 학위가 꼭 교육 쪽일 필요도 없습니다. 교사가 되는 데 필요한 공부는 대학이 아니라 대학원에서 하거든요. 2년 동안 인스페(Inspé · Instituts nationaux supérieurs du professorat et de l'éducation)라는 교육 전문 대학원에서 석사 과정으로 공부합니다.

대학원에 들어간 첫해에는 교과 지식과 교육 이론, 교육

실무 등을 공부하며, 그다음 해에는 좀더 전문적인 지식과 기술을 익힙니다. 이 과정에서 현장 실습이 차지하는 비중이 상당히 높다는 점이 중요합니다. 인스페 체제로 개편되기 전에는 2년 차 때 일종의 수습 교사로서 학교 현장 실습을 병행했습니다. 이때 실습 지도 교사는 실습 교사들에게 이런저런 조언을 하고, 교육 활동을 분석하고, 교육 현장에서 몸으로 부딪히며 이론적 지식을 견고하게 하도록 도움을 줍니다. 실습 교사는 수습 공무원 신분을 보장받고 급여를 받으면서 실습 과정을 이수합니다. 인스페 체제도 시기를 조금 조정한 정도이지 기본적으로는 비슷한 체제로 압니다. 와, 급여를 받으면서 실습을 한다니요.. 아마 실습 교사도 그만큼 더 체계적이고 짜임새를 갖춰, 그리고 책임감 있게 임하지 않을까 싶습니다.

학교 현장에 뿌리내리는 교원 양성 체제

형이 교사 양성 체제에 관해 제안한 내용은 아주 인상적이었습니다. 현장 실습으로 1년을 내리 보낸다는 발상이 특히 그렇습니다. 여기에 제가 조사한 프랑스 상황을 연계한다면, 그 1년 동안 급여를 주어야 하며 지도 교수하고 긴밀하게 교류해야 한다는 정도입니다.

형이 이야기한 맥락에 이어서 말하자면, 교대 교수들한

테 있는 큰 문제 중 하나가 학교 현장하고 동떨어진 사례가 많다는 것이지요. 물론 그분들 나름대로 전문 분야가 있고, 때로 현장 소통을 위해 노력한다는 사실도 알지만, 어쩔 수 없는 한계가 있는 듯합니다. 현장 실습 교사하고 1년간 끊임없이 소통하고 교류한다면 교수들이 하는 연구도 훨씬 더 탄탄해지고 교육 현실을 반영할 수 있을 텐데요.

어쨌든 학교 현장에서 1년을 보내고 돌아와 2년 정도 더 연구 과정을 거쳐 교사로 임용되는 방식은 정말 좋다고 생각합니다. 그렇게 한다면 형 말처럼 학교 현장과 교원 양성 기관이 유기적으로 연결되어 서로 발전을 도모하는 선순환 관계를 형성할 수 있게 될 겁니다.

다만 저는 나머지 2년 과정을 선택 영역으로 남겨 두면 어떨까 하는 생각이 듭니다. 사실 조금 걱정되기 때문입니다. 반드시 6년이라는 시간을 들여야 한다면 얼마나 많은 사람이 교사가 되려 할까 싶거든요. 많은 시간과 노력을 쏟아부어 일하기에는 급여나 복지 등 교사를 둘러싼 환경이 그렇게까지 매력적이지는 않기 때문입니다.

석사 과정을 마쳐야 교사가 될 수 있는 프랑스 사회에서도 교사가 인기 있는 직업이 아니어서 과목에 따라 교사 부족 사태가 빚어진다고 합니다. 게다가 급여도 한국보다 더 낮은 수준인데 석사까지 하면서 교사를 할 바에야 다른 직업을 찾는 편이 더 낫다고 생각한답니다. 우리도 분명 그런 상황에 부닥치게 될 거라고 봐요. 그러니까 2년간 더 연구하고 싶은 사람은 남아서 연구하고(호봉 인정과 승진 가산점은 물론이고 학비 등 다른 지원도 하면 좋겠어요), 그렇지 않은 사람은 1년간 실습한 경험을 지렛대 삼아 정교사 생활을 시작하면 어떨까 싶어요.

여기에서 또 하나 짚고 싶은 문제가 있어요. 사실 관계는 정확히 해야 할 것 같아서요. 형은 '현행 4주간의 교생 실습 기간'이라고 했지만, 20년 전 저희 때도 2학년 때 2주간 참관 실습을 하고 4학년 때 6주간 참관 겸 수업 실습이 있었지요. 총 8주였어요. 참관 실습은 크게 의미 없다는 생각에 형이 은연중에 빼 버리신 듯합니다. 사실 참관보다는 직접 수업하고 생활 지도 하며 아이들 속으로 온전히 뛰어들어야 의미가 있으니까요.

혹시 몰라서 지금은 교생 실습을 얼마나 하는지 찾아봤습니다. 다행스럽게도 실습 시간을 조금은 더 늘렸더라고요. 우리 모교인 경인교대 홈페이지를 보니 2학년 때 2주간 참관 실습, 3학년 때 3주간 수업 실습, 4학년 때 4주간 수업 실습과 실무 실습을 하고 있었습니다. 그렇지만 이런 비연속적 실습 형태 아래 실질적 담임으로 온전히 한 반을 책임지지 않는 상황에서는 가장 중요한 생활 지도를 경험할 수는 없을 거예요.

수박 겉핥기로 끝날 가능성이 큽니다. 그렇다고 해도 실습 시간이 늘어난 변화는 나름 발전이라 생각합니다.

기득권, 카르텔, 밥줄

마지막으로 하나 더, 실습을 뺀 교대 교육 과정 자체를 좀 들여다보고 싶어요. 저는 교대 때 배운 내용이 거짓말 조금 보태면 학교 현장에서 하나도 쓸모가 없었어요. 이 쓸모에는 학교에서 실제로 써먹을 수 있는 기술적 요소뿐 아니라 교육을 바라보는 가치관, 관점 등도 포함돼요. 저는 정말 그곳에서 뭘 배운 걸까요.

교육학에 속하는 과목(교육철학, 교육사회학, 교육심리학 등)과 교과 교육론(국어과교육Ⅰ, Ⅱ, 수학과교육Ⅰ, Ⅱ 등)이 대부분을 차지하는 교대 커리큘럼에서 조금이나마 학교 현장에 밀접한 과목은 당최 찾아볼 수가 없었어요. 교육학과 교과 교육론이 차지하는 비중이 거의 4분의 3 정도 되는데, 이론적인 내용이 대부분이에요.

가장 충격적인 사실은 교육 과정에 '학급 운영' 과목이 없다는 겁니다. 초등에서 학급 운영은 꽃입니다. 학급 운영의 틀, 그 철학과 방향을 세우지 않고서는 학급이 돌아가지 않습니다. 그런데 그런 학급 운영을 교대에서 배우지 않습니다. 말이 되는 일일까요? 많은 신규 교사가 학급 운영을 진지하게 고민할 기회를 누리지 못한 채 학교로 떠넘겨지듯 옵니다. 아무런 준비를 하지 못한 채 옵니다.

특수 교육이나 통합 교육 관련 과목은 어떨까요? 저 다닐 때는 '특수교육학개론'이라는 2학점짜리 과목이 있기는 했습니다. 저는 다행히 '특수교육학개론'을 가르친 교수님이 비교적 탁월한 분이라 배우면서 숱한 편견이 깨지는 경험을 했고, 무엇보다도 통합 교육이 필요한 이유를 고민할 수 있었습니다. 딱 거기까지였습니다. 특수 교육 대상 아동이 내가 맡은 반에 함께하게 될 때 맞닥트릴 현실적인 문제에 관해, 그리고 무엇보다 특수 교육 대상 아동하고 함께하는 '통합 학급 수업'에 관해 아무것도 배우지 못했습니다.

지금은 예전보다 훨씬 많은 특수 교육 대상 아동이 학교에서 함께 수업을 받고 있습니다. 당연한 권리이고 학교도 받아들여야 한다고 생각하지만, 학교는, 그리고 교사는 준비되지 않았습니다. 그래서 생기는 문제들이 학교에는 넘쳐납니다. 문제는 넘쳐나는데, 우리는 아무것도 배우지 못했습니다. 2학점짜리 한 과목으로 턱도 없습니다.

혹시 지금은 어떤가 해서 경인교대 홈페이지에 나와 있는 커리큘럼(2024년 기준)을 살펴봤습니다. 절망스럽게도 제가 다니던 20년 전하고 거의 달라지지 않았습니다. 교육학과 교과 교육론 관련 과목은 여전히 넘칠 정도로 많았고, 학급 운영 관련 과목은 눈을 씻고 찾아도 없었습니다. '특수교육학개론'은 여전히 2학점에 머물고 있었고요.

교대를 졸업하고 학교에서 좀더 의미 있게 아이들을 만나고 싶어 감동적인 연수를 숱하게 찾아 들으면서 '이런 연수를 교대에서 배웠더라면!' 하고 되뇐 적이 한두 번이 아니었습니다. '회복적 생활교육'과 '학급긍정훈육법(PDC)', '교사역할훈련(TET)', '비폭력 대화' 같은 프로그램을, 형이 배우고 익혀 교실에 직접 적용하던 교육 연극과 학교 텃밭 가꾸기(생태 교육)를, 아이들이랑 즐겁게 관계 맺을 수 있는 공동체 놀이를, 정녕 교대에서 배울 수는 없는 걸까요?

지금 교대에서 배우는 과정이 모두 의미 없다는 말은 아닙니다. 인류 지성사가 집약된 교육학 이론을 기본은 배워야 합니다. 교과교육론도 배울 필요가 있을 겁니다. 그런데 저는 도무지 교과교육론을 국어과교육 I, 국어과교육 II처럼 두 번에 걸쳐 들어야 할 이유는 잘 모르겠습니다. 우리는 사범대 학생이 아니니까요. 초등교사는 교과교육론을 얕게만 알아도 된다고 말하면 너무 지나칠까요? 그래도 말해 보렵니다. 교과교육론을 한 과목으로 줄이고 학급 운영과 생활지도 과목을 늘려야 한다고요. 그런 과목은 물론 현장 교사 출신이 담당하고요.

아마 이 제안은 절대 받아들여지지 않을 겁니다. 기득권, 카르텔, 밥줄이 아이들 교육보다 훨씬 더 중요하다고 생각하는 사람이 그 안에 넘쳐 나니까요.

답답해진 마음 달래며 형의 다음 글, 또 기다리겠습니다.

슈퍼맨과 공공의 적 사이, 우리 교사 맞지요?

보낸사람 권이근

받는사람 곽노근

2024년 3월 29일 (금)

 노근 선생님, 빠른 답장이 어찌나 반가운지 읽자마자 생각의 가지들이 순식간에 자라나 금세 숲이 됐답니다. 얼른 또 편지를 써야지 생각했지만, 재빨리 다시 생각을 고쳐먹었습니다. 왜냐하면 때는 바야흐로 3월이기 때문입니다.

 선생님은 12월에는 처리해야 할 행정 업무와 평가 업무가 한가득 있어서 무척 바쁘다고 하셨습니다. 그런데 17년 교직 경험에 따르면 3월은 12월보다도 더 혹독한 시절입니다. 교사로서 어느 때가 중요하지 않고 힘들지 않은 시기가 있겠습니까마는 그중 단연코 '전쟁 같은 사랑'이 휘몰아치는 때가 바로 3월 아니겠습니까?

 부부 사이에도 궁합이 있다고 하지만 교사와 학생 사이에도 궁합이 있다는 사실을 경력이 쌓여 갈수록 체감합니다. 3월은 바로 그 궁합을 서로 맞추어 가는 정말 중요한 때라고 저는 생각합니다. 그때 관계가 어긋나기 시작하면 1년 농사(교육 활동)를 다 망칠 수 있기 때문이지요. 5년 전 한 학부모님이랑 3월 첫날에 이런 문자 메시지를 주고받은 적이 있습니다.

> 긴 방학이 끝나고 이제 전쟁터가 가정에서 학교로 바뀌었네요. 선생님, 부디 전쟁에서 승리하시길 바랍니다.

> 아이고, 어머님! 이 전쟁은 승자도 패자도 없는, 피가 낭자하게 흐르는 전리품만 가득한 전쟁터입니다.

생각의 가지를 다듬고 다듬으며 3월이 어서 지나가기를 기다렸습니다. 그사이 저는 아내와 딸아이가 머무는 캐나다 수도 오타와에 들어왔습니다. 뉴스를 검색하니 한국은 지금 '벚꽃 없는 벚꽃 축제'가 이슈였습니다. 처음에는 '앙꼬 없는 찐빵'이나 '고무줄 없는 팬티' 같은 말놀이가 번뜩 스쳐 잠시 즐거웠습니다. 그렇지만 이내 힘겹게 3월을 버티고 계실 선생님들이 떠올라 마음이 푹 가라앉았습니다.

한국 교사들은 '교권 없는 교사'로 허허벌판에 서 있는 허수아비같이 힘없는 존재라고 생각하며 쓴웃음을 지었습니다. 아니, 더 나아가 이제는 '공공의 적'이 아닌가 저는 생각해 봅니다.

인사 지도를 하지 않는 교사

노근 선생님은 답장에서 이른 퇴근 시간 때문에 학교 밖 사람들 눈총을 받는 숨겨진 현실을 이야기하셨지요. 어디 우리 교사들이 받는 눈총이 그것뿐이겠습니까?

저는 언제부터 더는 아이들에게 인사를 지도하지 않게 되었습니다. 학교를 방문하는 학부모님들이 복도에서 마주치는 교사들에게 눈길 한번 안 주고 지나가는 광경이 일상이 되었어요. 물론 학교 안에는 교사뿐만 아니라 다양한 직종에 종사하는 분들이 많으니까 그럴 수도 있다고 생각합니다. 그렇지만……(구차한 군더더기가 될 듯하여 줄이겠습니다), 제 교직 경험으로 미루어 보면 교사는 절대 부모를 극복할 수 없습니다. 교사가 아무리 올바른 가치를 이야기해도 가정에서 부모님이 다른 이야기를 하면 가르침은 모래성이 되기 일쑤입니다. 자기 부모님도 존중하지 않는 교사를 아이들이 존중할 리 만무한데 인사 지도가 무슨 소용이겠어요.

도대체 교사들은 왜 이렇게 하찮은 존재가 된 걸까요?

물론 여러 가지 이유가 있겠지만, 지난번 제가 드린 편지 내용대로 이번에는 교사가 해야 하는 지나친 행정 업무에 관해 이야기하고 싶습니다. 서이초 사건이 터지면서 많은 언론이 '교권'을 말했습니다. 교권을 둘러싸고 떠들썩하게 제기된 의견들 사이로 교사로서 인간 존엄을 무시당한 사연이 참 많이 알려졌습니다. 그런데 그렇게 분분하던 '교권' 개념에 견줘 '교사'라는 존재 자체에 관한 정의에는 아무도 이견을 제시하지 못한다고 생각합니다.

교사는 가르치는 사람입니다. 사회가 합의한 올바른 가치, 시대가 요구하는 역량, 지구적 존재로서 더 나은 세상을 만드는 데 필요한 철학을 가르치는 존재가 바로 교사입니다.

그렇지만 대한민국 교사들은 가르치는 행위에 집중할 시간이 절대적으로 부족한 존재론적 아이러니에 허우적대는 가련한 존재입니다. 자기가 존재하는 이유를 증명하지 못한 채 끊임없이 외부에서 자존감을 부정당하는 배경에는 지나치게 넘쳐나는 행정 업무가 있습니다.

교사 업무에 관련된 어처구니없는 사연 말하기 대회를 4년마다 연다면 월드컵 축구 경기보다 더 뜨거운 관심을 받지 않을까요? 교육은 전 국민, 아니 전 세계인이 모두 깊이 관련된 삶의 영역이기 때문이죠. 자꾸 문제를 떠들고 다양한 생각이 오가야 건설적인 해결 방법이 나올 텐데, 너무나도 경직되어 함부로 입을 열지 못하는 우리 교직 사회에 속이 터집니다.

솔직히 교직 사회는 비급 문화 현상이 있을 수 없는 영역이 아닌가 싶어요. 한국 공직 사회가 다 마찬가지이지만 특히나 교육계는 더 심한 듯해요. 교육은 미래 새싹을 키우는 숭고한 일이니까 아무도 감히 함부로 입을 열기 어려운 거죠. 나중에 교직을 바라보는 이런 '성직관'에 관해서도 이야기할 기회가 있으리라 생각합니다.

교사들이 억눌린 감정을 시원하게 내뱉을 해방구가 필요합니다. 그런 의미에서 노근 선생님이랑 제가 주고받는 편지 쓰기를 교사 펜팔 운동으로 확산시키고 공유하는 플랫폼을 만들고 싶다는 실없는 상상도 해 보았답니다. 그렇지만 감히 '사대부의 나라'에서 어디 그런 천한 언사를 공공연하게 퍼트릴 수 있겠습니까…….

너털웃음 치는 장학사

각설하고, 현장 교사들이 전하는 생생한 목소리를 반영해 행정 업무를 대대적으로 개편해야 한다는 이야기입니다. 발령받고 3년이나 흐른 때였을까요, 교원능력개발평가를 본격 도입하기 전에 시범 운영을 한 뒤 방학이 되자 교육청 장학사들이 현장 컨설팅을 한다면서 학교에 온 적이 있었습니다. 방학이니까 당연히 부장 선생님들처럼 업무를 잔뜩 떠맡은 분들만 계셨지요. 저는 당직 근무자여서 출근했고요. 지금은 전국교직원노동조합(전교조)이 단체 협약을 맺어 방학

중 교사가 하던 일직성 근무를 폐지했지만요. 여하튼 얼떨결에 교장실로 올라가 장학사들이랑 교원평가 시범 운영에 관한 의견을 나눌 기회가 생겼답니다.

이때다 싶어 교원에 대한 학생 평가와 학부모 평가를 도입하려면 설문 방식을 섬세하게 제한해야 한다고 말했습니다. 그때 저는 면 단위 작은 학교에 근무하고 있었지만, 읍내에 있는 큰 학교에서는 교원평가를 시행하기 전에 교사들이 학생들에게 크게 한턱내는 분위기가 있다는 소문을 듣고 놀란 상태였거든요. 학생이나 학부모가 교원평가를 빌미로 협박성 민원을 제기한다는 뒷말이 무성하니 교원평가를 도입하는 시기를 늦추거나 시행 방식을 개선해야 한다는 말도 했습니다.

장학사는 너털웃음을 쳤습니다. 대부분 학교 현장에 아주 건강하게 자리 잡고 있으니 걱정하지 말라면서 해박한 교육학 지식을 동원해 신규 교사인 저를 가르치기 시작했죠. 감히 햇병아리가 천한 시정잡배들이나 저지를 일탈을 꺼낸 걸까요?

지금 교원평가는 어떤 상황입니까? 학부모들이 무분별하게 적어 내는 항의성 설문 내용 때문에 인격을 모독당하고 정신과에서 치료받는 교사가 늘어나지 않습니까? 현장 목소리에 귀 기울이는 '선군'을 도대체 언제쯤 만날 수 있을까요.

그렇다고 아예 변화가 없다는 말은 절대 아닙니다. 물론 조금씩 나아지고 있기는 하지만 속도가 더뎌서 돌아선 교사들의 벼랑 같은 등이 너무나도 차갑습니다.

시간이 흘러 저도 '고경력' 교사가 되어 비로소 뜻을 펼칠 기회가 찾아왔더랍니다. 제가 근무하는 충남 지역에도 이른바 혁신학교가 만들어졌고, 뜻을 함께하는 훌륭한 선생님들하고 함께 뼈를 갈아 넣으며 공교육 정상화 모델을 만드는 데 몰입했습니다. 힘들지만 참 행복한 시절이었어요. 꿈을 꾸면 다음 날 현실이 될 수 있는, 승진 점수 채우기용 실적 쌓기가 아니라 아이들이 성장하는 데 필요한 활동에 온전히 시간과 노력을 다할 수 있는 시절이 제게도 주어졌습니다. 참으로 고맙고 또 고마운 시절이었죠.

그런 와중에도 교사들 사이에서 갈등을 일으킨 주제가 있었으니, 바로 업무전담팀이 맡는 행정 업무였습니다. 노근 선생님도 아시듯이 현재 교원 업무 정상화라는 명분 아래 다양한 이름으로 불리는 전담팀을 만들어 지나친 행정 업무에서 교사를 해방시키려 노력 중입니다. 제가 직접 경험해 보니 불가능한 문제는 아니었어요. 교사는 직접적인 교육 활동에 관련된 업무만 맡고 교육 활동을 지원하는 데 필요한 부차적 업무는 모두 전담팀에서 해결할 수도 있겠더라고요.

가르칠 수 있는 시간이 없는 교사

물론 여기에는 두 가지 전제 조건이 필요해요. 첫째, 혁신학교에 한 명씩 배정한 교무업무전담사(충남 지역 사례)를 모든 학교에 두세 명씩 추가 고용해 배치해야 하고, 둘째, 전담팀을 총괄하는 업무를 교사가 아니라 관리자에게 법적 의무로 부여해야 합니다.

교사 업무를 줄여 주는 교무업무전담사는 교육부 예산을 효율적으로 재배치해 재원을 확보한다면 충분히 확대할 수 있다고 생각해요. 더불어 육아 때문에 경력 단절을 겪으면서 자존감을 잃어 가는 여성들에게 재취업 기회를 제공할 수도 있다고 생각합니다.

또한 교무업무전담사와 행정실 직원이 업무를 재조정해 학교 행정 업무를 통합적으로 혁신하는 계기도 될 수 있다고 생각합니다. 사실 교사와 행정실 직원 사이에 업무 영역을 둘러싼 갈등이 꽤 자주 발생하니까요. 솔직히 고백하자면 저는 행정실장님하고 언성을 높이며 논쟁을 벌이지 않은 해가 단 한 번도 없었어요. 어느 해는 학교 안 폐회로 텔레비전(CCTV) 관리가 어떻게 교사 업무냐고 소리쳤고, 어느 해는 학교 컴퓨터 기기를 왜 교사가 관리해야 하냐고 하소연하기도 했습니다.

다음으로 교무업무전담팀 총괄 업무를 관리자에게 맡기는 문제는 참으로 민감한 사안입니다. 어쩌면 교사 승진 제도도 선생님이 지난 편지 마지막 부분에서 언급한 기득권 카르텔을 구성하는 한 부분이기 때문입니다.

온갖 업무와 상급 기관 지시 사항을 충실히 이행해 얻는 승진 점수로 관리자 성전에 입성한 분들은 어쩌면 하나같이 교사 시절을 까맣게 잊어버리는지요. 10여 년 전 매년 직업 만족도를 조사하던 어느 언론이 보도한 자료를 보면 1등은 단연코 초등학교 교장이었습니다(그냥 교장이 아니라 꼭 찍어서 초등학교!). 진정으로 우리 교장 선생님과 교감 선생님들은 누리기만 하는 모습을 버리고 교사가 온전히 가르치는 데 집중할 수 있도록 지원하는 관리자로 환골탈태할 수는 없을까요?

교장 선생님과 교감 선생님이 지원해야 하는 분야는 행정 업무뿐만이 아닙니다. 서이초 사건 뒤 본격적으로 대두된 수업 방해 학생 분리 지도와 학부모 민원 대응 시스템에도 그분들이 역량과 지혜를 나눠 주셔야만 공교육이, 대한민국 학교가 정상화될 수 있다고 확신합니다.

제발 교사들이 가르침에 집중할 수 있는 여건을 만들어 주세요! 그런 다음에 교사를 무시하고, 비난하고, 제재를 가한다면 정말 한 마디도 토 달지 않고 따르겠습니다.

'개근 거지'와 '민원 연구 학교'

얼마 전에 들은 기막힌 두 단어가 떠오릅니다. 하나는 '개근 거지'이고 다른 하나는 '민원 연구 학교'입니다. 혹시 선생님도 들어보셨는지요?

'개근 거지'는 경제력이 낮은 학부모가 가정 체험 학습을 가지 못해 어쩔 수 없이 개근하는 가난한 아이를 가리키는 말이라고 합니다. '민원 연구 학교'는 반대로 경제력 있는 학부모가 자기 아이만 특별한 생활 지도를 해 달라고 요구하는 민원으로 가득한 학교를 가리키는 말이고요. 갈수록 극단으로 치닫는 양극화를 체감하게 하는 단어들이라 또 한참 동안 쓴 입맛을 다셔야 했습니다.

3월을 다 보낸 노근 선생님네 학교는 어떠한가요. 뜨거운 민원으로 열꽃이 피지는 않은 걸까 염려스럽습니다. 그래도 프랑스 교육 탐방을 다녀오면서 가슴에 품은 아름다운 유럽 문화를 떠올리고 힘내시기를 바라며, 겨울을 이긴 봄꽃처럼 찬란하게 피어나시기를 기도합니다. 우리는 아이들 성장을 위해 존재할 때만 온전히 교사일 수 있는 봄 흙 같은 존재니까요.

교사는 가르치는 사람입니다

보낸사람 곽노근

받는사람 권이근

2024년 4월 21일 (일)

어느새 4월입니다. 봄인 듯싶다가 벌써 여름이 거침없이 밀려오는 기분이네요. 형은 캐나다에서 맑은 공기 마시며 안정되고 평화로운 시간을 보내고 있다는 소식을 들었습니다. 떨어져 지내던 가족들 만나 행복한 시간 보내시고 힘내서 다시 학교에서 만나게 되기를 간절히 소망합니다.

교사를 옥죄는 껍데기는 가라

곧바로 형이 제기한 중심 주제로 들어갈게요.

교사란 무엇인가요? 형 말처럼 다른 낱말들에 견주어 이 단어의 뜻을 말하기란 사실 너무 쉽습니다. 정말 명확하게 정의되기 때문이지요. 바로 '(아이들을) 가르치는 사람'이라는 뜻이니까요. 맞아요. 교사는 가르치는 사람입니다. 가르치는 일이 저희 본업입니다. 그 밖의 것은 모두 껍데기이고 쭉정이입니다. 껍데기와 쭉정이도 필요하다면 때로는 할 수도 있겠죠. 그러나 어디까지나 예외적인 일이 되어야만 합니다. 그런데 현실은 어디 그런가요? '예외'가 '일상'이 되었습니다.

해마다 새 학기가 시작되기 전 교사들은 업무 분장을 합니다. 먼저 맡고 싶은 업무를 1순위에서 3순위까지 신청하면 관리자가 조정하는 과정을 거쳐 내 업무가 정해지는 식이죠. 하기 싫어도 숱한 업무 중 하나를 써내야 합니다. 이를테면 '다문화 교육 및 탈북 학생 교육', '체육관 및 다목적실 관리', '방송반 운영', '과학 행사 및 대회 참가' 따위죠. 제가 신규 교사 대상 직무 연수에 강사로 나설 기회가 있었는데, 업무 예시를 보여 주려고 우리 학교 업무가 몇 개나 되나 '업무 분장표'에 적힌 업무를 하나하나 셌어요. 몇 개나 됐을까요?

신규 교사들은 다들 깜짝 놀랐습니다. 130개였거든요. 이 숫자는 교무행정실무사, 행정 직원, 비교과 교사(상담교사, 사서교사, 보건교사 등 수업을 위주로 하지 않는 교사)가 맡은 업무를 빼고 일반적으로 교사가 수행하는 업무를 헤아렸습니다. 그런데 사실 놀랍지도 않습니다. 이렇게 많은 업무를 교사가 처리해야 한다는 현실이. 우리 교사들은 늘 업무 숙련도로 자질을 평가받아왔으니까요.

여기에서 하나 꼭 짚어야 할 문제는 이 업무분장표 어디에도 우리 본업이라 할 만한 '학생생활지도', '교육과정 연구 및 운영', '학생 평가 문항 작성 및 학교생활기록부 작성', '학부모 상담', '수업' 등이 명시돼 있지 않다는 것이지요. 사실 교사 업무분장표에는 이런 업무가 가장 중요하게 드러나야 하는데 어디에도 없어요. 껍데기들만 가득하죠. 본말이 이토록 뒤바뀌어도 되는 걸까요.

조금 극단적으로 말해서 저는 가르치는 일만이 교사가 해야 할 업무이고 나머지는 교사 업무가 아니라고 생각합니다. 따라서 다른 일들을 할 필요가 없는 것이지요. 그런데 우리는 업무 바깥에 있는 일들을 너무 많이 해야 해서 정작 수업 준비는 뒷전이 된 상황이지요.

부끄럽지만 저는 학교에서 수업 준비를 거의 해본 적이 없습니다. 부끄럽다고는 해도 자의는 아니었습니다. 왜냐하면 준비할 시간이 거의 없었거든요. 모든 수업을 다 마치는 시간이 이르면 오후 1시 40분이고 늦으면 2시 30분입니다. 퇴근하는 4시 30분까지 두세 시간 정도 남습니다. 이 모든 시간을 수업 준비를 하는 시간으로 써도 사실 빠듯합니다. 두세 시간이면 충분하지 않냐고요? 한번 생각해 볼게요.

하루에 보통 네댓 시간을 수업합니다. 한 시간 수업을 준비하는 데 어느 정도 시간이 필요할까요? 그야말로 천차만별이지요. 대충 준비한다면 10분에도 끝낼 수 있고 극단적으로는 준비 안 하고 할 수도 있지만, 충분히 준비하려면 적어도 한 시간은 필요하다고 생각해요. 내용 파악은 물론 수업 구상을 하는 데도 시간이 필요하고, 구상한 수업을 구현하기 위해 자료를 찾거나 직접 만들거나 준비물을 구하는 데 쏟는 시간 등을 생각하면 한 시간이 부족할 수도 있습니다. 더 알차게 준비하려면 한 시간 수업에 두세 시간이 필요할 수도 있지만 그냥 평균 한 시간 정도라고 가정할게요. 네댓 시간 수업을 준비하는 데 네댓 시간 정도가 필요하다는 결론이 나옵니다. 하루에 수업 끝나고 남는 두세 시간을 온전히 수업 준비하는 데 쓴다고 해도 턱없이 부족합니다.

수업이 끝난다고 해서 바로 교사의 시간이 찾아오는 것도 아닙니다. 아이들을 칼같이 정시에 하교시킬 수도 없고, 여러 이유로 굼뜨게 행동하는 아이들도 챙겨야 하고, 쓰레기와 먼지로 가득한 교실을 한 번씩 쓸어야 합니다. 요새는 교과 보충이다 뭐다 해서 몇몇 아이를 데리고 수업을 더 해야 할 때도 있습니다(물론 교사 수당도 받고 있고 학습이 더 필요한 아이를 가르치는 일이기 때문에 의미 있기는 합니다). 학생 상담이나 학부모 상담을 하기도 하고, 아이들이 낸 과제도 봐야 하고, 평가 문항도 만들어야 하고, 평가지 채점도 해야 하고, 평가 결과도 기록해야 합니다.

그러니까 아이들에 관련된 일, 가르치는 일만 하더라도 하루가 빠듯하다 못해 부족합니다. 그런데 수업 준비하기도 바쁜 이 시간에 우리는 수업 준비를 할 수 없습니다. 그 이름도 무색한 '업무'를 해야 하기 때문이지요.

이 '업무'는 크게 둘로 나눌 수 있습니다. 첫째, 교사가 해야 하는 '교육' 행위에 전혀 관련 없는 업무이고, 둘째, 교육에 관련되기는 하지만 형식에 지나치게 얽매여 처리하는 데 시간을 잡아먹는 업무입니다.

사실 둘째 사례는 모든 업무에 해당할지도 모르겠습니다. 학교도 관료제 조직이라 형식에 매이고, 다들 형식을 갖추느라 불필요하게 필요 없는 품을 들입니다. 물론 분명히 필요한 일도 있겠지만, 굳이 필요 없는 공문이 내려오고 굳이 필요 없는 공문을 만들어야 합니다.

모르겠습니다. 업무 효율을 높이고 간소하게 바꾼다는 말은 예전부터 나왔지만, 현장에서는 변화를 전혀 못 느끼겠습니다. 공문 쓸 때 문장 어디 끝에는 점을 찍어야 하네, 문서 마지막에는 꼭 '끝'을 써야 하는데 예전에는 두 칸을 띈 적이 있네, 문서 번호 다음에 '호'를 붙여야 하네 마네 같은 의미 없는 형식이 여전히 살아 있는 현실 속에서 간소화가 과연 가능할까요?

가장 중요한 문제는 '교육' 행위에 관련 없는 업무일 겁니다. 형이 얘기한 시시티브이 설치와 관리 업무처럼 학교 시설 관련 업무를 교사가 맡는 사례가 더러 있습니다. 정말 어처구

니가 없습니다. 또한 정보 업무 담당 교사가 처리하는 업무도 이런 일을 왜 교사가 하는지 고개를 갸우뚱거리게 합니다. 교실에 있는 컴퓨터와 텔레비전, 프린터 등 전자 기기 모델명을 조사하고 유지 보수와 폐기, 새 기기 교체 등 모든 일을 교사가 합니다.

학교에 들어온 '돌봄'과 '늘봄'

교육 행위랑 관련 없는 대표적인 업무가 바로 '방과후 교실'과 '돌봄 교실'입니다. 언뜻 방과후 교실과 돌봄 교실은 아이들이 관련되니 교육 관련 업무라고 생각할 수도 있겠습니다.

맞아요. 아이들에 관련된다는 말은 적어도 맞지요. 그렇지만 이런 말은 학교 밖 학원도 아이들이 다니는 곳이고 학교 밖 지역아동센터나 키움센터도 아이들이 다니는 곳이니 교사가 관리해야 한다는 말이랑 본질적으로 다르지 않아요. 방과후 교실과 돌봄 교실은 그러니까 몸통만 학교 안에 들어와 있을 뿐 성격은 상당히 다르다는 겁니다.

학교 교사들은 '국가 교육과정'에 따라 아이들을 지도하고 가르쳐요. 그 일을 잘하라고 뽑은 교사들이 국가 교육과정하고는 상관도 없는 방과후 교실과 돌봄 교실을 관리하고 책임질 이유는 없어요. 그런데 어느 순간 이 두 '교실'이 학교 안에 들어오더니 그냥 당연하게 교사가 하는 업무가 되었지요.

저는 시대적 요청이 있다면 방과후 교실과 돌봄 교실이 학교 안에 들어올 수도 있다고 생각해요. 어쩌면 다른 교사들이랑 생각이 다를지도 모르겠어요. 그러나 적어도 충분히 준비한 뒤에 들어와야 한다고 생각해요. 이 두 교실은 아무런 준비 없이 학교에 들어왔어요. 교실도 제대로 확보되지 않은 채 들어왔어요. 새롭게 담당 교사 또는 직원을 채용하는 대신 이미 근무 중인 교사에게 일을 떠넘겼어요. 이러면 안 되죠. 이러면 정말 안 되는 거예요.

얼마 전 교육 탐방을 다녀온 프랑스를 볼까요? 프랑스도 돌봄 제도가 있어요. 프랑스 학교는 점심시간이 두 시간이나 되는데, 그 두 시간 동안 우리로 치면 '돌봄전담사'가 아이들을 도맡아요. 특이하죠? 그 두 시간 동안 교사는 아이들을 만나지 않아요. 그렇게 점심시간이 두 시간이나 되다 보니 하교 시간이 좀 늦는데, 수업이 끝나는 4시 30분이 지난 뒤에는 원하는 아이에게 6시나 그 뒤까지 돌봄을 제공해요. 언뜻 보면 우리 돌봄 제도랑 크게 다르지 않죠? 오히려 더 늦은 시간까지 체계가 잘 잡힌 듯도 해요.

그렇지만 큰 차이가 있어요. 바로 이 돌봄 제도를 담당하는 주체가 '교육부(청)'가 아니라 관할 '시'라는 것. 학교는 건물만 빌려 주고 안전에 관련된 문제만 최소한으로 관여한다는 것. 그리하여 교사는 이 돌봄에 관련해서 아무런 일도 하지 않고 접촉도 없다는 것. 돌봄전담사 또한 시에서 관리하고 임금도 시에서 지급한다는 것.

우리는 어떤가요? 방과후 교실과 돌봄 교실 모두 교육부가 주도하고, 결국 실제 업무도 교사가 해요. 학교 밖 사람들은 교사가 직접 가르치거나 돌보지도 않는데 뭐 그렇게 업무가 많다고 할까 싶겠지만, 방과후 교실 하나를 꾸리는 데 할 일을 알아볼까요. 강사 공고를 내고, 강사 이력서를 수십 장 받고, 강사 후보 수십 명을 면접하고, 강사 수십 명을 뽑아 채용하고, 계약서를 쓰고, 각종 동의서를 받고, 강의 계획서를 받고, 아이들에게 알려 강좌 신청을 받고, 수강료 정산하고……. 아직 해야 하는 일의 반도 얘기하지 못했지만, 종이가 아까워 여기까지 하겠습니다.

일을 처리하면서 나오는 공문은 또 얼마나 많은지요. 이 숱한 일을 수업이 본업이고 아이들 가르치느라 바쁜 교사가 해야 하는 현실이 과연 올바를까요? 많은 교사가 방과후 교실과 돌봄 교실을 반대하는 이유가 바로 여기에 있습니다. 아이들을 가르쳐야 할 교사가 본업이 아닌 데 힘을 쏟느라 정작 자기가 맡은 아이들 가르치는 일에 소홀히 하게 되는 현실. 더도 말고 덜도 말고 이런 현실 때문입니다.

몇몇 진보적인 단체나 인물이 돌봄을 반대하는 교사들에게 엇나간 비판을 하는데, 정말 한숨만 나옵니다. 방과후 교실과 돌봄 교실을 학교에서 하려고 한다면 적어도 그 일을 맡을 사람을 따로 채용해야 합니다. 지금은 방과후 교실과 돌봄 교실이 교사의 희생을 딛고 서 있는데, 그런 상황이 과연 건강하다고 말할 수 있을까요(다행하게도 돌봄 교실은 대개 돌봄전담사가 업무를 전담하고 있는 걸로 압니다. 방과후 교실도 다른 방식을 찾았으면 좋겠습니다).

요즘 교육부가 추진한다는 '늘봄 교실'을 교사들이 염려하는 이유 또한 마찬가지입니다. 당장은 늘봄 교실 업무를 맡길 기간제 교사를 별도로 채용하고 있지만 앞으로 어떨지 두고 볼 일입니다. 지금까지 이런 업무는 모두 원래 있던 교사가 맡은 탓입니다. 제발 이번만은 그러지 않기를 바랍니다.

관리자, 학부모, 학생, 그리고 교사

형이 이야기한 교무업무전담팀 제도도 생각해 봅니다. 저도 혁신학교에서 근무한 적이 있어서 교무업무전담팀을 압니다. 그 학교에서는 업무가 거의 없다시피 지내기는 했습니다. 그런데 업무전담팀에 속한 교사는 수업을 조금 덜 하는 대신 업무에 파묻혀 지냈습니다. 수업을 해야 하는 교사가 업무에 더 중점을 두고 업무에 파묻혀 지내야 하는 상황이 올바른지는 조금 고민해야 한다고 생각합니다.

다른 대안이 없다면 그나마 지금 상황에서는 최선이지 싶기는 합니다. 다만 업무전담팀을 맡는 교사는 다른 이들이 교육에 전념할 수 있도록 노력하는 분들이니 다른 쪽에서 더 배려받아야 할 것 같습니다. 또한 선생님들이 돌아가며 업무전담팀을 맡아야 형평성에 맞는 듯도 하고요.

형이 겪은 업무전담팀과 제가 만난 업무전담팀이 같은지는 잘 모르겠습니다. 형 편지에는 교무 업무 전담 '교사' 이야기가 없으니까요. 제가 아는 경기도 관내 학교 업무전담팀은 어쨌든 교사가 중심이 되어 일을 추진했습니다. 수업 시수가 비교적 적은 전담 교사가 중심이 돼 전담팀을 꾸려 많은 업무를 덜어 주었습니다.

형이 이야기한 교무업무전담사는 아마 경기도교육청 교육공무직인 '행정실무사' 같습니다. 지역이 다르다 보니 명칭도 조금씩 다르겠지요(물론 아닐지도 모르겠습니다. 혁신학교에 한 명씩 배치된 분들이라고 하시니까요). 경기도는 보통 학교마다 행정실무사가 세 분이 있습니다. 교무실에서 근무하는 '교무실무사', 과학준비실에서 근무하는 '과학실무사', 행정실에서 근무하는 '행정실무사'죠. 그런데 여기에 한

두 명 더 고용한다고 해서 학교 업무가 확 줄지는 잘 모르겠습니다.

지금은 행정실무사 한 사람이 가져가는 업무량이 체감할 만큼 크지는 않은데, 그분들도 더 많은 일을 맡으려 하지 않을 듯합니다. 노조 입김이 센 탓도 있고, 어쩌면 그분들 처지에서는 이 정도가 정당한 노동이니 일을 더 늘리는 변화는 불합리하다고 생각할지도 모르겠습니다. 또한 어떤 일들은 교사가 처리해야 하는 일들이기도 해서 비교사 인력을 더 채용해 업무를 줄이는 방식이 얼마나 효과가 있을지 저는 좀 회의적입니다.

관리자 문제는 저도 무척 동감합니다. 여전히 본질은 변함이 없습니다. 괜찮고 민주적인 교감과 교장이 분명히 늘어나고 있지만 여전히 권위적이고 책임지지 않는 교감과 교장이 많습니다. 책임질 줄 아는 교장이 더 많아지면 좋겠습니다. 그런 의미에서 업무전담팀을 총괄하는 업무를 교장이 맡는 방향에 저도 동의합니다. 한 학교를 책임진 사람으로서 교장이 능력을 발휘해야 합니다. 쳐낼 일은 쳐내고 줄일 일은 줄여서 교육에 관련 없는 일은 되도록 교사가 맡지 않게 조정해야 합니다.

곁가지 하나만 짚겠습니다. 형이 얘기한 대로 10여 년 전 직업 만족도 조사에서 초등학교 교장이 1위를 하기는 했는데, 저는 너무 오래전 일이라는 생각이 듭니다. 제가 알기로는 그 뒤 초등학교 교장이 1위를 한 적은 없습니다. 확실히 요새는 그렇지 않습니다. 찾아보니 2022년 한국고용정보원이 발표한 2020년 직업 만족도 그렇고 2023년에 같은 곳에서 발표한 2021년 직업 만족도 그렇고, 10위 안에 초등학교 교장은 없었습니다. 되레 2021년에는 초등학교 교사가 8위에 들어갔는데, 어떻게 설명해야 할까요. 시시각각 변하는 시대 흐름을 어느 한 번 나온 지표로 섣불리 파악하고 판단할 수는 없다고 생각해요. 10년 전에는(또는 그전에는 더) 관리자가 매우 편한 자리일 수 있었지만, 지금은 관리자들도 나름대로 고충이 많으리라 생각합니다. 절대 두둔할 생각은 없지만요.

반대로 저는 교사는 무조건 관리자와 학부모, 학생에게 해를 입는 존재인지 한 번쯤 생각할 필요가 있다고 봅니다. 관리자, 학부모, 학생이 지닌 문제하고 별개로 교사에게 문제는 없는지 저희도 되돌아봐야 한다고 생각합니다. 교사에게 있는 문제를 살펴보는 일이 시기상조일 수도 있습니다. 우리가 받은 상처가, 서이초 박 선생님을 할퀸 상처가 아물기에는 아직 시간이 더 필요한 듯하기 때문입니다.

그렇지만 조심스럽게 물어봅니다. 과연 교사는 문제가 없는 걸까요? 교사는 항상 피해자이기만 한 걸까요?

이근이 형, 캐나다에서 가족들이랑 좋은 시간 보내시고 저처럼 천천히, 형이 품은 좋은 생각들 보내 주세요. 그래야 항상 늦게 답장을 쓰는 제가 조금 덜 민망해지니까요.

학교에서 수통 바꾸기가 이어지기를 바랍니다

보낸사람 권이근

받는사람 곽노근

2024년 4월 27일 (토)

얼마 전 한국 뉴스를 보는데 나들이 나온 한 시민이 한 인터뷰가 인상적이었습니다.

"이제 곧 있으면 더 뜨거워져 밖에 나오기 힘들 것 같아 가족과 함께 놀러 왔어요."

우리가 교대를 입학한 2000년대 초반만 해도 기후 변화는 그저 교과서 속 이야기라고 생각했는데, 이제는 기후 위기를 매년 실감하면서 살고 있어요.

한국은 4월 중순에 이미 한여름 기운을 느낀다는데 캐나다는 이제야 봄기운이 스멀스멀 번지고 있습니다. 물론 이곳도 크게 다르지는 않아요.

제가 머무는 곳 둘레에 다우즈 호수가 있어요. 예년보다 눈이 적게 내려 수위가 낮아지는 바람에 오타와 강에서 물을 끌어와 호수에 넣었습니다. 수로에서 호수로 거세게 흘러 들어가는 물줄기를 보며 자연의 흐름에 저항하는 오만한 인간을 떠올렸어요. 언제까지 인간이 자연을 제어할 수 있을까,

잠깐 두렵기도 했습니다. 더불어 지난 편지에서 선생님이 던진 질문이 떠올라 마음이 더 무거워졌습니다.

'교사는 문제가 없는 걸까요? 교사는 항상 피해자일까요?'

다우즈 호수가 차오르자 바닥에 가라앉아 있던 나뭇가지를 비롯한 부유물이 지저분하게 둥둥 떠다니는 장면은 마치 저를 비추는 거울 같았습니다. 저 깊은 바닥 아래에 꼭꼭 숨기고 싶던 모습을 만천하에 들킨 듯 부끄럽고 또 죄스러운 마음이 가득했어요.

선생님께 드린 첫 편지에도 적은 대로 저는 지금 아이들에게 전하는 반성문을 조금씩 쓰고 있습니다. 저의 개인적 성향이 만들어 낸 관계 문제가 대부분입니다. 그런데 선생님께서 말씀하신 부분은 교사의 개별적 성향에 관한 문제라기보다는 전반적인 교직 문화를 의미한다고 생각합니다.

말씀하신 대로 집단적 우울감과 무력감에 사로잡혀 있는 선생님들이 잘못한 지점을 찾아내는 일은 너무 섣부르기도 하고, 제가 감히 감당할 수 있을지 걱정스럽기도 합니다. 아이들에게 반성문을 쓰지 않고서는 아이들 앞에 다시 서기 힘들겠다는 결론을 내릴 정도로 저는 부족한 교사니까요.

진짜 '선생'은 어디에?

지금부터 전해 드릴 제 생각은 지극히 개인적인 경험에서 비롯된 결론이라는 점을 먼저 밝히며, 따라서 경험론의 한계에 빠질 염려가 있다는 사실을 전제하고 시작하겠습니다.

선생님과 제가 학생이던 시절에 본 교사들 모습은 일단 제쳐 둘게요. 그때랑 지금은 완전히 다른 세상이 되었으니까요. 이제는 아이를 함부로 혼낼 수도 없는 비정한 세상이니까요. 아뇨, 절대로 예전 훈육 방식을 지지하는 말은 아닙니다. 오히려 이 문제는 교사가 저지르는 잘못에 맞닿아 있다고 저는 생각해요. 동시에 지난 편지에서 선생님께서 말씀하신 '직업 만족도 상위 8위를 차지한 초등교사'라는 현실 속에 숨겨진 단면 중 어느 한 부분을 건드리는 내용이기도 합니다.

2015년, 읍내에 자리한 학생 수 1300명짜리 큰 학교에서 근무할 때 일어난 사건을 통해 꼬인 실타래를 풀어가 보겠습니다. 그때는 경기도에서 충청남도로 전출을 감행한 목적에 집중하느라 텃밭 교육에 몰입한 시절입니다. 제가 담임을 맡은 6학년 전체를 대상으로 운동장 스탠드에 상자 텃논을 만들어서 비록 흉내일 뿐이지만 손 모내기를 했지요.

그런데 어느 날 누군가 꽤 많은 모를 뽑아 학교 건물에

던져 놓았습니다. 시시티브이를 보니 이런 무지막지한 일을 저지른 사람은 둘레 남자 중학교 학생들이었어요. 중학교에 연락해 사건을 알렸고, 며칠 뒤 중학교 선생님과 관련 학생들, 학부모 몇 분이 찾아오셨습니다.

놀랍게도 아무도 학생들을 혼내지 않았습니다. 중학교 선생님은 건조하게 사건을 저지른 행위자를 확인하더니 처벌 절차에 관해 말하고 끝이었어요. 초등학교 교감 선생님은 그 학교를 졸업한 다른 중학생들 안부만 물었고요. 학부모 몇 분은 자기가 왜 그 자리에 불려 와야 하는지 도대체 이해할 수 없다는 눈치였습니다.

저는 순간 어이가 없어서 안면 있는 한 학생에게 어떻게 후배들이 정성껏 심은 모를 뽑아서 던지는 장난을 칠 수 있느냐고, 어떻게 선배가 모교에 와서 그런 행동을 재미로 할 수 있느냐고 소리 높여 다그쳤습니다. 그제야 빳빳이 서 있던 중학생들이 슬며시 고개를 숙이며 잘못을 인정하는 듯했어요.

잘 모르겠어요. 이런 일이 선생님께 어떻게 전달될지 말입니다. 혁신학교를 만들면서 동료 선생님들께 이 이야기를 했지만, 제 진심을 이해하는 분은 아무도 없었거든요. 그러니까 제 말의 핵심은 이제 학교에서 진짜 '선생'을 찾아보기가 더는 힘들다는 겁니다.

옛날처럼 학생들을 때려서라도 잘못을 고쳐야 한다는 말이 절대 아닙니다. 사소한 꾸지람도 하지 않으려는 교사들 모습은 딱 직업인일 뿐이었어요.

심지어 저는 학생한테서 이런 이야기도 들은 적이 있어요. 장난인 듯 보이기는 하지만 도서관에서 학생이 심하게 맞고 있다는 제보를 듣고도 살피러 가지 않는 교사를 보았다고요. 함께 근무한 어느 교감 선생님이 신규 교사가 담임을 맡은 학급에서 분실 사고가 자주 발생하자 이렇게 조언하는 모습을 직접 목격하기도 했습니다.

"범인을 잡겠다고 괜히 심하게 아이들을 다그치면 문제가 더 복잡하게 꼬일 수 있으니 믿음과 사랑으로 지도하세요."

언뜻 지당한 말처럼 들리지만 저는 학부모 민원에 시달릴 상황을 더 걱정하는 듯해 불편했습니다. 이제는 잘못을 저지른 우리 아이들은 어떻게 제 실수를 반성할 기회를 얻을 수 있을까요? 아이들은 모든 일이 재미이고 장난이라 말하고, 어른들은 기계적인 상벌 제도에 기대어 아이들을 그야말로 '관리'만 하고 있어요.

요컨대 이 모든 일들이 저에게는 교사가 성장하는 아이들을 기대하기보다는 복잡한 사안에 얽히지 않고 최대한 무난하게 교직에 임하려는 모습처럼 보인다는 겁니다. 이렇게 지내기만 하면 직업 만족도가 대한민국 상위 8위에 오를 수 있겠네요!

에스컬레이터 증후군

예전 같으면 가볍게 지나칠 작은 다툼이나 갈등도 학교 폭력이니 아동 학대로 명명되고 소송으로 이어지니 교사들도 어떻게 하면 꼬투리 잡히지 않을지 족집게처럼 아는 도사님이 된 듯해요. 그러다 보니 교직에서 삶의 의미를 찾기보다는 '엔잡러'가 되어 학교 밖에서 가치를 찾으려는 모습을 종종 목격합니다. 닭이 앞서는지 달걀이 앞서는지 따지기 힘들듯, 우리 교사들의 보신주의가 앞서는지 학부모들의 교사 불신이 앞서는지 참으로 알 수가 없습니다. 분명한 사실은 두 교육 주체가 상대를 바라보는 감정과 생각이 부정적 상승 작용을 일으켜 멈출 줄 모르고 있다는 겁니다.

저는 이런 사회 현상이 에스컬레이터랑 비슷하다고 생각했어요. 무슨 말이냐면, 제가 귀촌하기 전 어느 날 지하철역에서 에스컬레이터를 탄 적이 있었어요. 그런데 가만히 멈춰서 편안히 에스컬레이터에 몸을 맡기던 사람이 갑자기 앞 사람이 움직이기 시작하니까 덩달아 걷기 시작했습니다. 처음에는 별로 이상하게 생각하지 못했는데, 가만히 관찰하니 그런 상황에서 놓인 이들은 거의 예외 없이 자기도 모르게 앞 사람을 따라 움직였습니다. 점점 그런 현상이 신기해지기 시작했죠. 사실 에스컬레이터라는 기계는 내 몸을 아무 생각 없이 맡기기만 하면 편안하게 올라가거나 내려갈 수 있어요. 그런데 한 사람이 조금 더 급해서 걷기 시작하면 그 줄에 선 다른 사람들은 자기도 모르게 따라서 움직입니다. 결국 뒤에서 밀려드는 사람들 때문에 이제는 서 있고 싶어도 가만히 서 있지 못하고 계속 올라가거나 내려가야만 하는 모습에서 저는 우리 마음속에 은연중에 퍼진 어떤 신종 증후군을 느꼈어요.

특정 무리에 섞여 깊은 생각 없이 한 몸이 되어 가는 모습이 우리에게 있는 건 아닐까, 그래야만 안정감을 느끼는 사회가 오늘날 대한민국이 아닐까, 처음 의도가 뭐든 나도 모르게 한쪽 줄에 몸을 온전히 맡긴 채 잠깐 멈추어 되돌아볼 여유도 없이 누구를 따라서 마냥 올라가거나 내려가고 있는 건 아닐까……. 그래서 결국 가닿은 그곳, 극단으로 높은 곳과 극단으로 낮은 곳에서 반대쪽에 있는 사람들을 맹목적으로 업신여기거나, 반대로 자기를 얕잡아 보는 건 아닐까 하는 생각이 들었습니다.

어쩌면 요즘 교사도 학부모도, 아니 나아가 대한민국 국민 전체가 이 '에스컬레이터 증후군'에 빠져 끝 모를 부정적 상승 작용에 편승해 서로 편을 가르고 상대방을 향해 손가락질만 해 대는 건 아닐까……

개인주의적 윤리 의식

정말 솔직히 말씀드리면 교사들의 이해할 수 없는 모습을 처음 직감한 때는 교대 시절이었어요.

시작은 새내기 때 사건입니다. 학과 행사에 학생들이 별로 참여하지 않자 교수님들이 대책을 발표했죠. 앞으로 학과 행사에 불참하면 전공 수업 출결에 반영하겠다! 기억하시죠? 그래도 대학생인데 고등학생 야간 자율 학습처럼 반강제로 통제하겠다는 발상에 깜짝 놀랐고, 그 뒤 학과 행사 참여율이 거의 100퍼센트가 된 사실은 더 놀라웠죠. 뭐랄까, 자율적으로 삶의 가치를 정립하고 의미를 부여하는 주체적인 청년의 모습보다는 오로지 대입을 목표로 한 방향만 바라보고 달린, 명령어에 따라 움직이는 로봇을 보는 듯했어요.

그다음은 졸업반 때 사건입니다. 그해 초등 교사 임용 인원을 갑자기 축소하겠다는 발표에 반발하여 전국 교대생들이 평일에 하루를 잡아 교육부 앞에서 항의 집회를 했죠. 우리 동기들도 참여하기로 결의하고 그날 전공 강의 교수님께도 공식 허락을 받은 상태였는데, 갑자기 몇 명이 사나흘 전에 집회 날 강의를 해야 한다고 주장했습니다. 그런데 그런 말을 한 이유가 참으로 기가 막혔지요.

그날 모둠 과제를 발표할 동기들이 집회 때문에 강의가 진행되지 않으면 학점에 불리할 수 있다며 걱정했어요. 결국 우리 동기들은 집회에 참여하지 않았고(학생회 간부 몇 명은 참여한 기억이 나네요), 강의는 원래대로 진행되었습니다. 저는 강의에 들어가지 않고 직장인 친구를 찾아가 낮술을 마신 듯하고요.

아니, 그렇다고 그때 우리 동기들을 아주 극단적으로 자기만 생각하는 몹쓸 존재로 절대 생각하지는 않습니다. 오히려 반대였어요. 지극히 도덕적이고 윤리적이며 더불어 살아가는 삶의 가치를 이야기할 줄 아는 건강한 대학생이었지요. 그러니 더 혼란스러웠지요. 그 뒤 제 마음대로 말을 하나 지어냈어요. 교대생은 '최첨단 개인주의적 윤리 의식'이 있다고 말입니다. 학교 현장에 나와서 만난 대부분의 초등 교사도 교대에서 만난 예비 교사들 모습에서 크게 벗어나지는 않았어요.

물론 승진 점수에 상관없이 오로지 학생 지도와 자기 계발을 연계하며 끊임없이 성장하려는 교사들도 많이 만났습니다. 그렇지만 사안마다 자기 이익을 조금이라도 침해하는 일이 생기면 어찌나 쉽게 휘리릭 등을 돌릴 수 있는지 이해하기가 참 힘들었어요. 그래서 이런 고민을 털어놓으니 한 후배 교사가 한마디로 정리해 주었답니다.

"초등 교사는 불의는 참아도 불이익은 잘 참지 못합니다."

그 후배는 자기가 다닌 교대에서 학생들 입에 흔하게 오르내린 말이라고 했습니다. 놀라웠습니다! 저는 이 한 문장을 듣고 안갯속에 휩싸인 듯한 답답한 마음이 한순간에 사라지는 느낌을 받았어요. '아, 그거였구나! 그래서 교대생도, 많은 초등 교사도 그랬구나!' 단번에 이해됐습니다.

그런데 요즘은 이런 생각도 들어요. 어쩌면 1997년 국제통화기금IMF 사태 때부터 이런 성향이 우리에게 조금씩 나타나고 있지 않을까, 비극의 시대가 낳은 인간적 한계가 아닐까 하는 생각 말입니다. 아무리 시대가 우리를 그렇게 만들더라도, 적어도 교사라면, 조금 손해를 보더라도 옳지 않은 일에 목소리를 내는 용기가 있다면 얼마나 좋을까요. 솔직히 정말 아쉬워요.

수통 바꾸기

사실은 더 하고 싶은 말이 많이 남아 있습니다. 그런데 더 이야기하다가는 동료 선생님들 이름에 지울 수 없는 상처를 남길 듯하니 그만 멈추겠습니다. 이미 여기까지 해도 '누워서 침 뱉기'는 충분하니까요.

앞에서도 말했지만, 초등 교사가 모두 똑같다는 뜻은 절대 아닙니다. 전반적인 교직 문화가 그렇다는 말입니다. 서이초 사건을 계기로 이런 문화가 바뀌기를 내심 기대하고 있기도 하고요. 2023년, 그 뜨거운 여름날 학교 현장에 만연한 불합리에 맞서 교사 수십만 명이 모여 같은 목소리를 낸 경험은 분명 교직 문화 혁명에 크나큰 밑거름이 되리라 믿어요. 그렇지만 드라마 〈D.P.〉 시즌 1에 나온 대사가 떠올라 미래에 해야 할 걱정을 미리 앞당겨서 하게 되기도 합니다.

"바뀔 수 있잖아, 우리가 바꾸면 되잖아!"
"저희 부대에 있는 수통 있잖습니까. 거기 뭐라고 적혀 있는지 아십니까? 1953년, 육이오 때 쓰던 수통도 안 바뀌는데 무슨……."

저는 교직 사회가 군대 못지않게 보수적이고 경직된 조직이라는 사실을 느꼈습니다.

부디 이제라도 교사가 자기 이익을 조금 손해보더라도 학교 현장에서 벌어지는 소소한 불합리에 맞서 목소리를 내는 모습이 늘어나기를 소망합니다. 그리하여 일상의 작은

'수통' 바꾸기가 이어져서 학생 성장을 위해 전심으로 전력을 다할 수 있는 학교 문화로 환골탈태하기를 간절히 바랍니다.

참, 지난번 편지에 적은 충남 지역 '교무업무전담사'는 공식 명칭이 '교무행정사'였어요. 그리고 충남 지역에서 업무전담팀을 운영하는 방식도 선생님께서 경험한 방식이랑 같다는 사실을 알려드립니다. 교과 전담 교사가 맡은 수업 시수를 최대한 줄여서 업무전담팀을 이끌게 하는 방식이 저는 교사들 사이에 벌어지는 폭탄 돌리기처럼 보이지만요. 그래서 관리자들이 업무전담팀을 이끌어 주십사 하고 간절히 바라는지도 모릅니다.

무기력 교사가 탄생하고 있습니다

보낸사람 곽노근

받는사람 권이근

2024년 6월 7일 (금)

이근이 형, 저는 조금 다른 이야기를 해 보렵니다. 생각하면 완전히 다른 이야기도 아니지만요. 어쨌든 정말 조심스러운 '교사 비판'입니다.

기억나지 않는 교대 시절 이야기

먼저, 교대생 이야기. 저는 미안한 이야기이지만 사실 형이 말한 우리 동기들, 교대생에 관한 이야기가 썩 공감되지는 않습니다. 무책임하게 들릴 수도 있겠는데, 형이 말한 일들이 잘 기억나지 않거든요. 학과 행사 참여율이 낮아지자 교수님들이 앞으로 행사에 불참하면 전공 수업 출결에 반영하겠다는 대책을 발표했다고요? 와, 그런 일이 있었나요?

제 성격은 평소에 온화한 편이지만 말도 안 되는 일을 보면 때로 불같이 일어날 때가 있거든요. 그런 말을 직접 들으면 가만히 있지 않겠지요. 엄청나게 따지고 들 겁니다. 학과 행사를 수업 출석에 반영하겠다니요? 그런 어처구니없는 말을 할 수가 있습니까.

안타깝게도 저는 전혀 기억이 나지 않습니다. 무심한 탓인지 기억력 탓인지는 모르겠는데, 어쨌든 그다음 상황을 두고 형이 하는 해석과 진단에도 동의하기는 어렵습니다.

저는 100퍼센트에 가까운 참여율을 보인 과 행사가 잘 기억나지 않습니다. 언제나 빠진 사람이 듬성듬성 있었고, 게다가 특히 저희 학번 동기들은 시종일관 많이 참여하지 않아서 선배들, 심지어 후배들한테 은근한 질타를 받았거든요. 명령어에 따라 움직이는 로봇이라고 하기에는 술에 취해 비틀거리는 사람과 제멋대로 행동하는 사람도 많았고요(교대생은, 교사는 말 잘 듣고 착한 모범생이어서 이러저러하다는 말을 저는 별로 좋아하지 않습니다. 그저 손쉬운 해석이라고 생각합니다).

교육부에 항의하러 가자는 결의에 동기 몇 명이 강의를 진행해야 한다고 공개 주장한 일도 기억이 잘 나지 않습니다. 그 시절 어떤 큰 대의나 내 일신의 이익보다 술과 자유를 좇아 한량처럼 산 제가 문제인지도 모르겠습니다. 정말 그 정도로 이기적인 동기들 모습이 저는 기억나지 않습니다.

동기들보다 열 살이나 많고 세상 보는 눈이 한참 트인 형 눈에는 교대생들 모습이 참으로 어리고 철없게 보였겠습니다. 게다가 형은 같은 나이를 먹은 평균적인 이들보다 더 깨어 있는 사람이었으니까요. 저 또한 철 없던 건 매한가지였지만 그나마 말이 조금이나마 통한 저에게 형은 고맙게도 답답한 심정을 몇 번 토로했지요. 그런데 저는 사실 미안하게도 그런 마음을 온전히 제 것으로 느끼지 못했답니다.

'최첨단 개인주의적 윤리 의식'이라는 형 말에 큰 틀에서 동의할 수는 있어도, 여전히 지나치지 않나 생각합니다. 형이랑은 또 다르게 저는 그런 교사를 자주 만나지 못했거든요. 아쉬운 점이 없지는 않지만 성실하게 살아가는 이들을 더 많이 만났습니다.

직업인과 선생님 사이

저도 교대생들이 보여 준 모습이 온전히 마음에 들지는 않았습니다. 교사가 될 사람이라면 적어도 세상일에 관심을 두고 자세히 들여다볼 줄도 알아야 한다 생각합니다. 제가 만난 교대생은 대부분 그렇지 않았습니다. 시야가 넓지 못했습니다. 저는 사실 교사는 지식인이어야 한다고 보거든요. 그저 저 혼자 바람일지 모르지만.. 다들 똑똑하고 공부도 잘했지만, 세상에 관해, 그리고 사회적 약자를 향해 폭넓은 관심을 쏟고 참여하는 모습을 보기가 참으로 힘들었습니다.

그런데 그 탓을 모두 교대생 개개인에게 돌리는 게 맞는지는 모르겠습니다. 시대는 바야흐로 현실 사회주의 국가들이 사실상 모두 몰락하고(이렇게 거창한 이야기라니!), 아이엠에프 사태 이후 나 하나 챙기기 벅찬 사회가 되었으니까요.

제가 계속 형이 비판하는 대상을 옹호하고 변명하려는 듯한데, 하는 김에 조금만 더 하겠습니다.

형과 아이들이 열심히 심은 모를 뭉텅이로 뽑아 던져 놓은 둘레 중학교 학생들 일은 진심으로 유감입니다. 그리고 둘레 선생님들이 보인 반응과 처리 방식은 더더욱 유감이고요. '선생'은 없고 '직업인'만 남은 현실을 개탄할 수밖에 없습니다. 그런데 아직 그래도 '선생님'이라 불리는 그 사람들은 왜 그렇게 되었을까요? 뿌리를 어쭙잖게나마 더듬어 보고 싶습니다.

형이 우리 학창 시절 이야기는 굳이 꺼내지 말자고 하셨는데, 저는 한번 꺼내야겠습니다. 일단 제가 언제인가 페이스북 담벼락에 쓴 글을 가져오겠습니다.

1. 내가 다니던 중학교는 그랬다.

일단 남중이었고, 그래서 어둡고 칙칙했다.

건물이 길게 일자형이었던 이 학교는

정확히 절반은 중학교, 절반은 상고였다.

그러니까 복도의 한쪽 선을 넘으면

거기부턴 고등학교(그것도 소문이 안 좋았던)가 되는 거였다.

교문을 들어서면 그 앞에서 우리를 맞는 것은

덩치 큰 고등학교 선도부들이었다.

다행히도, 고딩들이 우리를 건드리는 일은 없었다.

화장실은 전교에 달랑 한 개,

그것도 건물 밖에 있었고

소변기는 철판형이어서

오픈된 채로 볼일을 볼 수밖에 없었다.

그 철판에 물은, 나오지도 않았다.

2. 그 중학교는 그랬다.

선생들이 모두 깡패였다.

어찌나 애들을 패던지,

나 같은 모범생도(부끄럽지만, 난 모범생이었다)

허벅지에 피멍 들기가 일상이었다.

손바닥, 엉덩이, 허벅지, 종아리, 발바닥 등

안 맞아본 곳이 없다.

싸대기? 물론 그것 또한 일상이었지.

미술 준비물 안 가져왔다고 우리는

각자의 뺨을 그들이 때리시기에 좋게 각 자리에서

비스듬히 기울여야 했고

몇 초 후 찰진 찰싹 소리가 울려 퍼졌다.

음악 선생은 떠든다고 갑자기 일렬로 쭉 서라고 하면서

도미노 블록을 엎어뜨리듯

전광석화와 같은 속도로 다다다 싸대기를 날렸다.

두발 검사는 수시로 이루어졌고

머리 긴 애들은 그 자리에서 바리깡으로 고속도로가 났다.

또한, 장난치다가 걸린 애들은 앞에 나와서

남선생들의 노리개가 됐다.

고추는 그들의 손에 쥐어졌고,

온갖 추잡한 음담패설들이 허공에 하얗게 뿌려졌다.

3. 그 중학교는 또한 그랬다.

애들도 모두 깡패였다.

1학년 처음, 어디 초 짱과 저기 초 삼짱이 하필 우리 반이었다.

그 짱들은 기분이 안 좋으면 별일 아닌 일에도

애들을 때렸다.

온갖 주먹이 날아갔고

그 주먹 앞에서 우리는 아무 말도 할 수 없었다.

저기 초 삼짱이 교실 한구석에서 한 아이를

20분 정도 계속 때리고 있는데도

우린 그 일엔 관심도 두지 않았다, 아니, 둘 수 없었다.

어디 초 짱은 같은 반이었던

(지능이 떨어졌던, 지금으로 말하면 지적장애였던) 한 아이를

앞에 세워놓고 웃겨보라고 했다.

재미가 없거나 맘에 안 들면

빗자루로 그 아이의 손바닥을 때렸고

그 짓은 며칠간 이어졌다.

내가 그 폭력에서 다소 비껴나갈 수 있었던 것은

내가 공부를 꽤 잘했기 때문이다.

(얘기하지 않았나. 나 모범생이었다고. 안다, 나 좀 재수 없다.)

그들은 여하튼, 공부 잘하는 애들은

크게 건드리지 않았다.

4. 영화 〈말죽거리 잔혹사〉를 보고 내 중학교가 생각나서 끄적여 봤다.

마지막 권상우의 대사처럼 대한민국 학교는 참, 좆같았다.

탄생, 체벌 교사

 제가 1990년대 중후반에 중학교를 다녔는데, 거의 30년 전 이야기이기는 하지만 그때도 학교 분위기가 모두 이렇지는 않았습니다. 제가 다닌 학교가 좀 많이 심한 편이었지요. 체벌 금지 얘기가 슬슬 나오는 시기였지요. 여하튼 아직은 체벌을 허용하는 시기였습니다.

 형이 중고등학교 다니던 때는 오죽했겠으며, 그전은 또 어떠했겠습니까. 포악한 군사 독재는 학교에도 그대로 이식되었습니다. 학교도 군대나 다름없었지요. 오와 열을 맞추어 운동장에 흐트러지지 않고 서 있는 모습은 전열을 갖춘 군인이었지요. '교련'이라는 이름을 단 군사학 수업도 있었고요.

 군대 문화는 학교를 야만으로 만들었습니다. 온갖 폭력이 난무하였지요. 폭력에 가장 앞장선 부류가 교사였습니다. 1970년대를 배경으로 한 영화 〈친구〉를 보면 시계를 풀고 손목 한 번 어루만진 뒤 최고 속도로 귀싸대기를 날리는 교사가 나오지요. 그 시절 학교에 다닌 사람들은 아무런 거리낌 없이 그 장면을 보았습니다. 과장이라거나 뭐라고 하는 사람을 본 적이 없습니다. 그만큼 흔한 모습이었지요(이런 폭력적 군대 문화는 일제 강점기 때 시작되었지요. 일제가 전체주의 문화로 우리 교육을 한 번 망쳤고, 광복 뒤 반성하지 않은 위정자들이 전체주의 문화를 그대로 이어받아 또 한 번 망쳤죠).

'시스템'과 '제도'는 없었습니다. 명목상은 모르겠지만 현실에서는 전혀 작동하지 않았습니다. 사적 폭력만 난무할 뿐이었지요. 직접 때리고 밟았습니다. 덕분에 통제는 잘됐습니다. 감히 교사에게 학생이 덤빌 일은 없었지요. 교사들은 때리지 않고 아이들을 대하는 방법을 굳이 찾지 않았습니다. 가장 손쉬운 방법이 있고, 이미 익숙해져 편하니까요.

저는 아무리 요즘 교사가 문제 있다고 하더라도 그 시절 교사에 비교할 수는 없다고 생각합니다. 폭력을 아무렇게나 휘두르고 진지하게 반성하지도 않던 그 시절 교사들을 교사로 불러야 할지 잘 모르겠습니다. 모두 그런 시절이니 용인해야 하는 걸까요? 체벌하지 않으면서 교사 생활을 한 분도 있을 테고, 체벌할지언정 진정으로 아이들을 위해 헌신한 분도 있으리라는 사실을 굳이 부정하지는 않겠습니다. 게다가 저는 용서받지 못할 행동도 아니라고 생각합니다. 그렇지만 조금이라도 폭력을 행사한 교사들은 용서를 구하고 반성해야 합니다. 그런 목소리를 저는 당최 들을 수 없었지만요.

탄생, 체벌 금지

문제는 군사 독재 정권이 종말을 고하고 민주화 흐름 속에 1990년대 중후반부터 체벌을 금지하자는 목소리가 진지하게 나오면서 발생합니다. 2000년대 초중반에도 많지는 않지만 여기저기에서 체벌이 벌어졌습니다. 2010년에 서울시 동작구에 자리한 어느 초등학교에서 6학년 담임 교사가 남학생을 심하게 폭행한 일명 '오장풍 교사 사건'이 일어나 충격을 주었지요.

그렇지만 그런 '폭행'이 일상은 아니었습니다. 그즈음 '경기도 학생인권조례'가 제정되는 흐름에 맞물려 체벌이 거의 사라진 상황이라 해도 지나친 말은 아닐 겁니다. 2007년 제가 처음 기간제 교사로 교단에 선 때도 선생님들이 체벌한다는 얘기를 흔하게 듣지는 못했고(반대로 말하면 간혹 들었지요), 2013년 임용 고시 장수 끝에 첫 발령을 받은 때는 더더군다나 체벌 교사 이야기를 듣지 못했습니다.

게다가 2011년에 초·중등교육법 시행령이 개정되면서 직접 체벌을 할 수 없게 됩니다. 그리고 '교사의 권위'는 점점 추락하기 시작했죠.

탄생, 무법천지 교실

말이 너무 길었죠? 저는 이 시기가 아주 중요하다고 생각합니다. 체벌이 사라지는 과도기 말이죠. 잠시 체벌이 옳으냐 그르냐를 따지지는 않겠습니다. 그동안 교사가 학생들이 저지르는 문제 행동을 바로잡고 훈육할 때 '시스템'이 아니라 '체벌'을 활용한 현실이 중요하죠. 쉽게 말해 체벌을 활용해 학생을 통제한 겁니다.

그런 상황에서 체벌이 사라졌습니다. 어떻게 될까요? 네, 맞습니다. 학생들은 고삐 풀린 망아지처럼 말을 듣지 않았습니다. 오히려 교사가 학생에게 맞는 사건이 심심찮게 터졌지요. 이른바 '교권 붕괴' 사태가 시작된 겁니다. 교실에서 수업을 제대로 안 듣고 자는 학생이 대다수가 된 지는 이미 오래되었습니다. 자는 학생을 깨우다가 봉변당하지 않으면 다행인 시대가 되었지요.

게다가 2010년대 중반부터 교사들은 '아동 학대'라는 위협에 시달립니다. 사실상 체벌이라 할 수도 없는 가벼운 신체 접촉, 이를테면 교사가 싸우는 두 학생을 말리려 떼어 놓는 과정에서 일어난 신체 접촉도 아동 학대로 신고당하기 시작합니다. 말하려면 끝도 없겠지요. 체벌이 사라지면서 무법천지 교실이 시작될 가능성이 확 열린 점이 중요합니다.

그래서 체벌을 부활시키자는 말이냐고요? 아니면 체벌 폐지가 잘못된 결정이냐고요? 물론 절대 아닙니다. '역시 애들은 맞아야 해' 같은 댓글이 인터넷에서 활개 치고 지지받는 상황이지만 과거로 돌아가면 안 됩니다. 체벌 폐지 자체는 우리 교육이 한 단계 나아간 상황이라고 저는 분명히 생각합니다. 다만 체벌이 사라진 빈 곳을 뭔가로 메워야 하는데 아무도 그 일을 하지 않았지요.

체벌이 사라진 빈 곳은 누가 채워야 할까요? 당연히 교육부를 비롯한 교육 당국과 관료입니다. 교육 제도를 바꾸거나 새로 만들 힘을 쥔 쪽이지요. 체벌을 없애는 과정을 진행하면서 현실적으로 적용할 훈육 제도도 같이 마련해야 했습니다.

교사는 아무 책임이 없을까요? 교사도 함께 대안을 만들고 제안해야 했습니다. 그런데 그렇게 하지 못했습니다. 한쪽은 학생 인권을 지키는 일에만 혈안이 되어 있었고, 다른 한쪽은 그리운 옛 시절을 떠올리며 체벌을 부활시키는 일에만 몰두했습니다. 그 사이 어디에 있을 현실적이고 깊이를 갖춘 대안을 치열하게 생각한 이가 아무도 없었습니다.

탄생, 무기력 교사

결과는? 지금 같은 무법과 무질서 교실이 탄생하지요. 무질서 교실을 최소한의 질서 있는 교실로 바꾸려는 교사가 하는 행동은 '아동 학대' 고소전에서 먹잇감이 되었습니다. 교사는 아무 힘이 없습니다. 아무 힘 없는 교사는 교육할 수가 없습니다. 교육을 할 수 없는 교사는 무기력합니다.

이제 학교에서 더는 진짜 '선생'을 찾기 힘들다는 형 말이 가슴에 아프게 꽂힙니다. 그러나 교사들이 무기력해진 데는 이유가 있습니다. 선생질을 조금만 하려 해도 오히려 아동 학대로 몰릴 판이니 누가 무기력해지지 않겠습니까.

형 말대로 닭이 앞서는지 달걀이 앞서는지, 교사들의 보신주의가 앞서는지 학부모들의 교사 불신이 앞서는지 알 수 없는 노릇이기는 합니다. 적어도 교사에게 아무 책임이 없다고 말하지는 못하겠습니다. 옛날 교사들은 체벌에 안주했고, 요즘 교사들은 체벌이 사라진 빈 곳을 메울 대안을 내놓지 못하고 있으니까요.

교사들이 대안을 내도 교육 관료들이 시행할지는 의문입니다. 서이초 사건이 벌어지기 전까지 교실 붕괴라는 비참한 현실을 충분히 알면서도 계속 외면했고, 조금씩 개선한다면서도 효과적인 대책을 내놓지 않았으니까요.

저는 일차로 교육 관료들 책임이 더 크다고 생각합니다. '체벌의 시대'에 한 번도 아이들을 가르친 적 없는 후속 세대 교사들만 애꿎게 죽어 나가고 있습니다. 그런 현실이 그저 안타까울 뿐입니다.

아직 본격적인 교사 비판은 하지도 못했습니다. 다음 편지에서는 현장에서 제가 느낀 우리 교사들 문제를 조금 더 구체적으로 이야기할 생각입니다. 정말 조심스럽습니다. 형 말처럼 '동료 선생님들 이름에 지울 수 없는 상처'를 남길 듯해서 말이죠. 그렇지만 그렇다고 우리 안에 있는 잘못을 덮고 간다면 더 큰 상처가 남지 않을까요.

형도 지난 편지에서 하지 못한 이야기를 마저 이어 가 주시기를 부탁해요. 우리 교육이 한 걸음 더 나아가기 위해서.

"네, 그냥 안 하기로 했어요"

보낸사람 권이근

받는사람 곽노근

2024년 6월 15일 (토)

노근 선생님. 제가 지내고 있는 캐나다 오타와에도 완연한 여름이 찾아왔어요. 얼마 전에는 한국에서 간혹 문제가 되는 게릴라성 폭우가 내리는 모습을 보았답니다. 하교하는 아이를 마중해서 집으로 걸어오는 길이었어요. 조금씩 빗줄기가 내리치나 싶더니 5분 사이에 갑자기 비가 쏟아지는데, 순식간에 빗물이 강물처럼 차올랐죠. 그런데 신기한 장면을 목격했어요.

처음에 내리던 가는 빗줄기 사이로 한 아프리카계 청년이 흥겹게 춤을 추면서 걸어가고 있었습니다. 뭐랄까, 자기만의 세계에 온전히 몰입할 때 느낄 수 있는 행복이 가득한 모습에 저는 홀딱 반했습니다. 마치 영화 속 한 장면 같았죠. '저렇게 타인들 시선에 신경 쓰지 않고 내가 원하는 삶을 온전히 살아갈 수 있다면 우리는 얼마나 행복할까? 아니, 우리는 이미 그런 사실을 알고 있으면서도 왜 끊임없이 남의 욕망을 내 것으로 착각하며 살아가는 걸까? 각자 나름의 행

복을 추구하며 살아도 전혀 문제가 없는데, 도대체 왜? 왜? 왜?'

캐나다에서 만난 다양성

캐나다에서 저는 다양성이라는 가치에 흠뻑 매료되고 있어요. 더불어 우리도 학교에서 아이들을 가르칠 때 저마다의 개성이 살아나는 교실을 구현할 수 있다면 그런 교실이야말로 가장 이상적인 미래 교실이 아닐지 생각했습니다. 생명 다양성이라는 생태적 가치는 기후 위기에 빠진 지구의 미래를 좌우하는 종말론적 가늠자를 의미할 뿐만 아니라 우리 학교와 교실의 지속 가능성을 진단하는 중요한 척도가 될 수 있겠다고 생각하게 되었거든요. 여기에서 '생명'을 아이들이 저마다 지닌 고유한 생명력으로 해석할 수 있다면 말이죠.

노근 선생님, 보내 주신 답장을 읽으면서 만감이 교차하였습니다. 사실은 제가 지난 편지에 적은 교대생들 이야기는 10년 전에도 선생님께 말씀드린 내용이었고, 그때도 선생님은 잘 기억이 나지 않는다고 했지요. 그리고 제가 느낀 안타까움에 깊이 공감하지 못해 미안하다는 말씀도 했습니다.

그때나 지금이나 저는 이렇게 답답한 마음을 선생님이랑

나눌 수 있다는 사실 자체가 고맙고 또 고마울 따름입니다. 만약 선생님 말씀대로 교대 시절에 선생님이 저의 이야기를 귀담아들어 주지 않았다면, 외로움을 이기지 못한 저는 아마 교대를 끝까지 마치지 못한 채 대안 학교 교사로 빠져나가고 말았겠죠.

어쩌면 지금도 저는 이렇게 함께 나누는 편지에 기대어 학교를 떠나고 싶은 제 마음을 강하게 붙들고 싶은지도 모르겠습니다. 그래서 선생님이 제기하는 반론은 제 생각이 잘못이라는 말로 들리기는커녕 새로운 관점으로 나아가게 자극하는 촉매제가 되고 있어요. 차이 때문에 불안하기보다는 다양성이라는 공존의 가치를 새삼 떠올립니다.

선생님 답장을 받고 비판과 옹호는 그야말로 깻잎 한 장 차이라고 느꼈어요. 우리가 지금 그리는 교사상은 학교 바깥에서 교사를 평가하는 잣대가 아니라 현직 교사로서 동료들을 바라보는 시선이기 때문에 더욱 그렇겠지요.

지난 편지에 '최첨단 개인주의적 윤리 의식'을 지닌 교대생들이라고 썼지만, 저도 교직에 들어와 만난 초등 교사들만큼 깊은 배려심과 동료 의식을 지닌 직업인은 보지 못했어요. 말씀하신 대로 저는 교대에 들어오기 전에 이미 다른 대학을 졸업하고, 직장 생활도 하고, 친구들이 모두 학교 말고 다른 곳에서 직업인으로 살아가고 있어서 그런 사실을 정말 잘 알아요. 가끔 텔레비전 시사 프로그램에 나오는 직장 괴롭힘 같은 사건은 교직 현장에서 거의 찾아볼 수 없다고 저는 생각합니다.

그렇지만 교대에서 겪은 이해하기 힘든 기억은 더 있습니다. 선생님이 한 부탁이니까 마지막으로 딱 하나만 더 떠올려 볼게요. 어디에서도, 학교 밖 어떤 사람에게도 창피해서 함부로 이야기하지 못한 일입니다.

교대에 숨겨진 폭력 문화

이 사건도 새내기 때 일입니다.

저도 시기를 정확하게 기억하지는 못하지만(선생님의 무딘 기억력을 무작정 섭섭해할 수만은 없겠네요. 벌써 20년도 더 지난 일이니까요), 교대에 입학하고 1학기에 1학년과 2학년 남학생끼리 축구 시합을 한 번 했습니다. 해가 저물자 2학년이 전부 빠지더니 1학년만 운동장에 모아놓고 군대에서 제식 훈련 하듯 오와 열을 맞춰 세웠어요.

누가 그랬을까요? 바로 군대를 다녀온 같은 과 복학생 선배(물론 저보다 한참 어린 동생이었지요)가 그랬습니다. 그 뒤에 벌어진 일들은 노근 선생님도 아마 희미하나마 기억하리라 생각해요. 그 장면들을 구체적으로 묘사하고 싶지는 않아요. 솔직히 제가 지금까지 살아오면서 받은 가장 충격적인 사건 다섯 개를 뽑으라고 하면 그 안에 들어갈 정도로 경악스러운 일이었거든요.

뭐, 그렇다고 대단한 사건은 아니었어요. 신병교육대 조교로 군 복무를 한 저에게는 그냥 가벼운 유격 훈련 코스프레 정도로 보였으니까요.

노근 선생님은 잘 모르겠지만, 사실 저는 며칠 전부터 그 사건이 일어날지 알고 있었어요. 학과 대표를 맡은 3학년 선배가 저처럼 사회생활을 하다 늦게 입학한 장수생이어서 그 얼토당토않은 모임에 빠지라고 선처 베풀듯 먼저 이야기했거든요. 제가 어떻게 했을까요?

선생님, 제 성격 아시죠? 불같이 소리 지르면서 어떻게 아이들을 가르칠 선생님이 되겠다고 모인 대학교에서 그런 말도 안 되는 일이 벌어질 수 있냐고 따져 물었죠? 그 선배는 교대에 내려오는 전통이고 교수들도 암묵적으로 용인하고 있으니 문제를 일으키지 말아 달라고 부탁했어요. 저도 물러설 수 없었죠. 같은 과 복학생들을 모두 불러 두 시간 가까이 논쟁했습니다.

결국 저는 이번까지는 참고 넘어가겠다, 그렇지만 내년에도 이런 일이 반복되면 내가 아는 모든 수단과 방법을 동원해 말도 안 되는 폭력 문화를 폭로하겠다, 그리고 나도 어린 동생인 동기들이랑 그 모임에 참여하겠다, 그러니 반드시 이 전통을 끊겠다는 확답을 달라고 했죠. 그렇게 해서 결국 우리 다음 후배들부터는 그 전통이 사라졌는데, 글쎄요, 우리가 졸업한 뒤에 또다시 부활했을까요?

어찌 됐든 정말 아무 이유 없이 선배들이 1학년 신입생들에게 헛웃음만 나오는 기합(솔직히 뭐라고 불러야 할지 저도 잘 모르겠습니다)을 주는 장면에 많은 함의가 있다는 사실을 교직 현장에 나와서야 깨달았습니다.

비민주적 공직 문화

지난 편지에서 선생님께서 말씀하신 그 옛날 교사들이 쓴 폭력적 훈육 방식이 직접적으로 아이들에게 모진 상처를 남겼다면, 교대에서 은밀하게 내려오는 경직된 문화는 학교 현장의 교직 문화를 비민주적으로 만드는 뿌리라고 생각합니다. 그래서 이런 문제들 때문에 우리 편지글에서 처음 다룬 주제가 '교원 양성 기관', 교대를 혁신하는 문제인지도 모르겠습니다.

17년에 걸친 저의 교직 경험에서 상하 위계에 바탕한 수직적 상명하복 사례는 너무나도 많습니다. 먼저 가볍게 농담처럼 시작해 볼게요. 옛날에 어느 지역 어느 학교에서는 교장실에 결재받으러 간 교사가 나갈 때는 조선 시대 신하처럼 뒷걸음질로 나가야 했다더라, 군대에 '충성 축구'가 있다면 초등학교에는 '충성 배구'가 있었다더라 하는, 참으로 기가 막히고 코가 막히는 이야기 들어보셨나요? 지금은 그렇지 않지만, 분명히 초등학교 현장에서 벌어진 일들이지요.

이런 비민주적 관계는 관리자와 교사들 사이에서만 일어나지 않습니다. 같은 평교사 안에서도 중요 사안을 결정해야 할 때 경력이 높은, 이른바 원로 교사가 지나가며 던지는 말 한마디가 어린 신규 교사가 품은 진실한 열정보다 큰 영향력을 발휘할 때가 많았지요. 물론 제가 근무하는 지역에 특유한 보수적 문화가 반영된 모습일 수도 있어요.

그런데 정말 신묘하고도 아리송합니다. 겉으로 보기에는 회의를 거치기 때문에 아주 민주적으로 비치기도 합니다. 그러니까 원로 교사나 부장 교사가 제시한 의견이랑 다른 관점을 이야기하면 회의가 이상하게 지리멸렬하게 이어지다 끊깁니다. 그러고는 다음 회의에서 경력 교사들이 낸 의견이 자연스럽게 주류로 둔갑해 그분들 뜻대로 결정되는 사례가 정말 많았습니다.

아주 작은 예를 들면 이렇습니다. 모처럼 학교 도서관을 리모델링하여 도서관 활용 수업을 활발히 하고 싶어서 여러 생각을 나누는 회의를 열었지요. 한 신규 교사가 도서관에 화이트보드가 하나 있으면 독서 활동을 지도하는 데 큰 도움이 되겠다고 의견을 냈어요. 도서관 담당이던 저는 신규 선생님께서 뭔가를 열정적으로 하시려는 모습이 느껴져 당연히 화이트보드를 사겠다고 했습니다.

그런데 다음 회의 시간에 부장 교사가 화이트보드를 사지 말라는 겁니다. 황당해서 옆자리에 앉은 신규 선생님을 쳐다보니 그분이 웃는 얼굴로 말했어요.

"네, 그냥 안 하기로 했어요."

느낌이 딱 왔어요. 아마도 경력 많은 어떤 선생님께서 자기만의 경험을 토대로 살 필요가 없다고 하신 모양이라는 합리적 추론을 저는 해 봅니다(어디까지나 추론이니 사실이 아닐 가능성도 있습니다).

"도서관에 놓인 화이트보드는 처음에만 쓰다가 얼마 안 가서 결국 애물단지가 될 게 뻔하니, 리모델링해서 멋들어지게 바꾼 도서관 미관을 해치지 않는 것이 좋겠습니다."

저에게 이렇게 말하면 진짜 교육을 위해 필요한 물품이 도대체 무엇이냐고 물으며 또 한바탕 논쟁을 벌일 텐데, 그럴 줄 알고 신규 선생님을 먼저 설득한 뒤라 더는 아무것도 할 수 없게 되었지요.

지난 편지에서 말씀하신 읍내 큰 학교에서 근무할 때는 신규 교사들이 교직원 행사에 잘 참여하지 않으니 '신규'들

'군기' 좀 잡으라고 남자 부장 선생님들에게 말하는 원로 교사를 본 적도 있었습니다.

그런데 원로 교사가 교대 시절 그 경악스러운 폭력 모임, 그러니까 신입생 기합에 관해 말씀하시는 소리를 듣고 저는 까무러칠 뻔했지요. 아, 폭력 문화는 전국 교대에 공통으로 있는 전통이었어요. 왜냐하면 제가 근무하는 곳은 우리가 다닌 교대가 자리한 지역이 아니고, 그 원로 선생님은 우리가 졸업한 교대 출신이 아니니까요.

학교 현장과 지역 교육지원청이나 시도 교육청 사이의 관계에 관해 말하기 시작하면 입만 아프겠지요. 저희 세대에게 '장학사' 하면 뚜렷이 남은 기억이 있습니다. 어느 날 갑자기 모든 교육 활동이 멈추고 전교생이 동시에 왁스 바른 손걸레로 복도와 교실 마룻바닥을 빛이 나도록 닦습니다. 바로 교육청 장학사가 학교에 방문하는 날이지요. 지금 관점으로 보면 세상에 이런 코미디가 또 없습니다.

조금 부드러운 방식으로 바뀐 지금도 여전히 교육청이 학교를 관리하고 있지요. 교육 활동을 돕는 기관이라는 성격을 애써 드러내려고 '교육지원청'으로 이름도 바꿨지만요. 학교를 비롯한 공직 사회는 위에서 아래로 향하는 피라미드 구조를 교묘하게 강화해 관리와 통제와 감시하는 방식을 전혀 포기하지 않고 있어요.

'육이오 수통'은 언제쯤 바뀔까요

아마 이러한 기억들 때문에 지난 편지에서 적은 드라마 〈D.P.〉 속 대사가 제 머릿속에 깊이 각인된 것인지도 모르겠습니다. 다시 한 번 여기에 그 대사를 적을게요.

"바뀔 수 있잖아, 우리가 바꾸면 되잖아!"
"저희 부대에 있는 수통 있잖습니까. 거기 뭐라고 적혀 있는지 아십니까? 1953년, 육이오 때 쓰던 수통도 안 바뀌는데 무슨……."

제가 군 복무를 한 1990년대 중반에도 훈련병 내무반에서는 정말 한국전쟁 때 수통을 그대로 사용하고 있었어요. 뉴 밀레니엄이라고 요란을 떤 21세기, 바로 그 새 천 년에 접어든 지도 벌써 20년이 훨씬 지났고, 이전 세상하고는 질적으로 완벽하게 다른 인공 지능 세계가 펼쳐지고 있습니다. 그런데 수통 하나를 바꾸지 못하는 대한민국 군대 위로 '우리들의 학교'가 겹쳐 보이는 상황은 저의 지나친 과대망상일까요?

예전의 학교는 검증된 과거의 지식을 익혀 오늘의 세계를 존속시키는 수렴적 생태계의 핵심이었다면, 오늘의 학교는 변화될 미래의 가치를 찾아 현실을 치열하게 혁신하는 발산적 생태계의 뿌리여야만 합니다.

그래서 저는 부장 선생님들께 늘 이렇게 부탁합니다.

"제발 나 같이 경력 많은 교사 의견을 먼저 듣지 말고, 새로움과 열정으로 똘똘 뭉친 신규 선생님들 의견을 많이 들어 주세요!"

그래야만 학교가 바뀔 수 있다고 저는 확신합니다. 저 같은 경력 교사들은 수통 하나 바꾸려 해도 별의별 생각을 다 하다가 결국 바꾸지 말고 그대로 쓰자고 주장할 게 뻔하니까요. 우리는 작은 변화에도 걱정과 불안을 느끼는 사람들이니까요.

아니라고 말할 수 있는 용기

다시 한 번 글머리에서 이야기한 춤추는 빗속 청년을 떠올립니다. 사소한 변화와 혁신도 다양성이라는 가치가 살아 숨 쉴 수 있어야만 가능하다고 보기 때문이지요. 설익어 보이더라도, 결과가 뻔하게 예상되더라도 다른 뭔가를 시도하려는 용기를 지지해야만 학교와 교실 안에 다양한 가치와 저마다의 생명력이 꽃필 수 있다고 생각합니다.

또한 지난 편지에서 말씀드렸지만, 학교 현장에서 벌어

지는 불합리를 향해 교직 사회의 허리를 담당하시는 30대와 40대 선생님들께서 함께 바꾸자는 목소리를 꾸준히 내셔야만 합니다. 교사 개인의 문제가 아니라 개별 학교 현장에서 벌어지는 문제에 대응하려면 교사들이 일상에서 다양한 목소리를 내야만 합니다. 지금 선생님과 제가 하는 편지 교환처럼 말이죠. 논쟁이 따르는 주제여서 쓸데없이 에너지를 낭비한다는 소리를 듣더라도요.

거대한 교육 시스템을 혁신하려고 활동하는 교원 단체를 매개로 한 집단적 움직임보다는 오히려 개별 학교 현장에서 나타나는 소소한 불합리에 맞서 현장 교사들이 적극적으로 발언해야 한다는 뜻입니다. 마치 오늘날 기후 위기에 대응하려면 우리 개개인이 일상적인 삶의 방식을 혁명적으로 바꿔야 한다는 현실이랑 비슷해요.

지구의 운명과 학교의 운명은 참 많이 닮았습니다. 별것 아닌 듯 보이지만 결국 천 리를 가려고 해도 사소한 한 걸음을 내디뎌야만 하니까요. '우리들의 학교' 안에도 '육이오' 수통처럼 일상적인 불합리가 아직 많이 남아 있으니까요.

잘못인 줄 알면서도 그저 묵인하는 방조자로, 골치 아픈 문제에 휘말리지 말고 무난하게 근무만 하자는 보신주의로 일관한다면 '우리들의 학교'가 지속될 수 있는 시간이 그리 많이 남아 있지 않습니다. 서이초 사건이 아주 분명하고 절실하게 그 사실을 말하고 있어요. 그렇기 때문에 이제 막 40대에 접어든 노근 선생님께서 학교 현장에서 느끼는 진짜 '교사 비판'이 무슨 내용인지 정말 궁금합니다.

답장을 기다리는 오늘과 내일은 잠든 저를 깨우는 새벽 새소리 같습니다. 선생님의 존재가 참으로 고맙고 또 고맙습니다.

본격적인 무더위가 시작되었습니다. 모쪼록 건강 잘 챙기면서 남아 있는 1학기를 아이들 성장을 위해 의미 있게 채워 나가시기를 기도합니다.

'우리들의 학교'에서 교사도 학생도 상처받습니다

보낸사람 곽노근

받는사람 권이근

2024년 6월 23일 (일)

지난번에 다루기로 한 '교사 비판'을 제대로 하지 못한 일이 마음에 걸려 이번 편지는 조금 서둘러 보냅니다. 그러나 그 전에 몇 가지만 살짝 이야기해 보려 합니다.

과기

형이 이야기한 폭력 문화는 '과기'(아마도 '과 기합'을 뜻할 겁니다)일 거예요. 저도 생생히 기억나요. 뭐 하는 짓인지 정말 황당하기 그지없었거든요. 그래도 평소에는 다정하고 친근하던 선배들이 이딴 일을 벌이는 이유가 이해되지 않았지요. 심지어 웃통도 벗었어요. 기합 소리를 내면서 열 맞춰 뛰기도 했지요. 제일 싫어한 폭력적 군대 문화가 2000년대에 제가 다닌 학교에서, 그것도 '교육'대학교에서 벌어진 현실이 어이없고 허망했습니다.

어이없는 현실의 이면에서 형이 벌인 치열한 '투쟁'은 이

제 알았네요. 그런 덕분인지 선배들은 덜 당당해 보였어요. 왠지 쭈뼛쭈뼛했고, 좀 자제하는 듯했지요. 빨리 끝내려고 하는 눈치도 보였고요. 자기들도 이런 문화가 없어져야 한다고 느꼈겠지요. 제가 알기로 그 뒤 '과기'는 없어졌어요. 지금은 어떨까요? 교대에 이런 비슷한 문화가 조금이라도 남아 있지 않기를 바라요. 20년이나 지난 지금, 설마요.

비민주적 공직 문화?

학교라는 공간이라고 해서 특별히 더 민주적이라고는 저도 생각지 않아요. 게다가 한국 정치 제도를 '제왕적 대통령제'라 부르듯이 한국의 교장제를 '제왕적 교장제'라고 해도 크게 틀리지 않았어요. 그렇다고 형이 내린 진단에 흔쾌히 동의할 수는 없어요.

아무리 학교 문화가 비민주적이라 해도 기본적으로 교사 집단은 다른 웬만한 집단보다는 수평적이에요. 교사 집단이 특별히 더 민주적 시민의식을 가져서 그렇다는 말은 아니에요. 적어도 관리자를 빼면 모두 다 똑같은 평교사이거든요. 나이에 상관없이 계급은, 적어도 겉으로 볼 때는 나뉘지 않아요. 부장 교사라는 직함이 있기는 하지만 그저 '보직'일 뿐 그 자리 자체가 위아래를 가르지는 않아요. 그래서 신규 교사에게도 꼬박꼬박 '선생님' 소리를 붙이며 존대하죠. 당연해요. 조금 친해지면 말을 놓기도 하지만, 특히 남자 선생님들끼리는 특유의 마초 문화 때문인지 그런 일이 많지만, 다른 집단에 견줘 훨씬 수평적이에요. 게다가 형이 예로 든 모습들은 지나치게 옛날 일이 아닌가 싶기도 해요. 십 년도 훌쩍 넘은 시절 얘기 같아요. 요새 학교는 분명히 그 정도는 아니에요.

어쩌면 형 이야기처럼 지역 차이가 큰 영향을 미친 탓인지도 모르겠어요. 제가 이곳저곳에서 들은 충청 지역 몇몇 학교의 모습은 정말 충격적이었거든요. 물론 충청 지역 학교가 모두 그렇다고 말할 수는 없을 거예요. 지역 비하처럼 들릴 수도 있어서 조심스러워요. 그러나 가부장제에 기반한 농촌 문화가 아직 힘을 발휘하는 지역에 권위주의 문화가 더 폭넓게 자리 잡고 있으리라는 추측이 그리 허황하지는 않을 거예요. 형 얘기를 들어도 그렇고요.

각자 보고 느끼는 모습이 다르니까 학교 문화가 이렇다느니 저렇다느니 딱 잘라 규정할 수는 없겠지요. 권위주의 문화에서 조금씩 벗어나는 흐름은 분명히 보이지만, 그런데도 충분히 민주적이라고 할 수는 없는 애매한 문화도 아직 남아 있어요. 어떤 관리자가 오는지에 따라 학교 문화가 큰 영향을 받는 현실은 어느 지역이나 마찬가지니까요.

다시 본론으로 들어가 교사 비판을 해 보지요. 정말 쉽지 않은 일입니다. 2023년 7월 18일 서이초 박 선생님이 안타깝게 세상을 떠난 뒤 우리 교사들은 집단적 우울에 빠졌습니다. 함께 토닥토닥 위로하기도 하고 똘똘 뭉친 교사 30만 명이 광장에 모여 뜨겁고 슬픈 함성을 지르기도 했습니다. '교권 5법'을 개정하는 데 성공하기도 했지요.

문제가 온전히 해결되지는 않았습니다. 수가 확실히 줄어든 상황이지만 도를 넘는 아이와 학부모 때문에 고통받는 선생님들 이야기가 여전히 들립니다. 괜히 하는 말이 아니라 제 귀에 직간접으로 들립니다. 이런 와중에 교사 비판이란 차마 하기 힘든 일이기는 합니다. 상처받은 분들에게 또 한 번 생채기를 내는 짓이 아닌지 죄송한 마음이 어쩔 수 없이 듭니다.

그러나 아무리 우리가 어려움을 앞에 두고 똘똘 뭉쳐 있는 상황이더라도 우리 안의 문제점을 무작정 억누르거나 말 못하게 하면 장기적으로 이롭지 않다고 생각합니다. 바깥에 있는 적에 더 힘차게 맞서려면 우리 안의 문제를 차분히 돌아보아야 합니다. 어떤 빌미를 주지 않을 기회일 수도 있기 때문이지요. 그래서 용기를 내어 꺼내려 합니다.

여전히 권위적인

제가 생각하는 교사들이 지닌 문제 중 하나는 아이들을 대할 때 드러나는 '여전히 권위적인 방식과 태도'입니다. 이런 말을 하면 반발할 분들이 꽤 있을 겁니다. 가뜩이나 체벌도 사라지고 제 세상이 된 듯 어떤 지시나 통제도 따르지 않으려 하는 아이들이 늘어나는데, 그나마 좀 무섭게 하고 혼을 내야 따를까 말까 하는데, 그런 정도 가지고 '권위적'이라며 매도해야겠느냐 하는 반발 말입니다.

그런 반발도 저는 충분히 이해합니다. 저 또한 아이들을 가르치면서 숱하게 든 생각이거든요. 좋게 좋게 대하면 끝없이 기어오르는 아이들, 그나마 무섭게 해야 말을 듣는 아이들을 계속 보았으니까요.

체벌에 의존해 지도하는 문화에서 갑자기 체벌이 사라지자 교사들은 아노미 상태에 빠졌겠지요. 일대 혼란이었겠지요. 저번에도 말씀드린 대로 그 빈 곳을 치열한 고민으로 채워야 했어요. 교육 당국은 아무런 대책 없이 체벌을 없애는 대신에 체벌을 대체할 만한 교육적인 훈육 제도나 법적 보호를 받을 수 있는 생활 지도 방법을 구상해야 했어요.

그러나 그렇게 하지 않았지요. 교사들은 이제 아무런 힘도 없는, 이빨 빠진 호랑이 신세가 되어 버렸습니다. 체벌을 하지 못하니 넘치는 카리스마로 아이들을 제압할 수밖에 없었습니다(거듭 말하지만, 체벌 금지는 우리 교육이 한 단계 나아간 일입니다!). 그런데 이런 상황은 도박이랑 비슷합니다. 교사가 카리스마를 나름 잘 발휘해서 아이들을 끌고 갈 수 있으면 다행인데, 그런 시도에 실패해서 아이들이 겉으로는 무서워하는 척하지만 속으로는 무시하는 사례도 있거든요. 빈틈이 보일 때 아이들은 반항하기 시작하고, 그러면 오히려 더 큰 교실 붕괴로 이어지기도 하지요. 선생님을 우습게 보고 대드는 문화가 일상이 되기도 합니다.

사실은 제 이야기이기도 합니다. 저는 중고등학교 시절 선생님들이 보여 주는 폭력적인 행동과 말이나 권위적인 태도가 신물이 날 정도로 싫었습니다. 거기에 한국 현대사에 어두운 그림자를 드리운 독재 정권을 치를 떨며 비판한 터라 민주적 교사, 친근한 교사, 권위적이지 않은 교사가 되고 싶었지요. 그때는 '민주적 교사'가 어떤 교사인지 깊이 고민하지도 않은 채 어찌 보면 치기 어리게 교단에 선 듯해요.

결과는 어땠을까요. 정말 처참했습니다. '권위적이지 않겠다!'는 다짐 말고 아무 준비도 없던 저는 곧 무너지고 말았습니다. 친절하고 부드럽게 대하기만 하니 아이들은 지켜야 할 선을 넘고 또 넘었습니다. 허락 없이 제 물건을 만진다든지, 저한테 따지듯 말한다든지, 보란 듯이 핸드폰을 켜 사용한다든지 하는 일들이요(학교에 오면 보통 핸드폰은 꺼 놓지요).

이런 상황에서 저는 뭘 선택했을까요? 다른 방법을 찾는 대신에 제가 학창 시절에 당한 대로 소리치고 호통치는 방식으로 돌아갔습니다. 몇 번을 말해도 조용해지지 않는 아이들을 향해 소리치고 명령했습니다. 그렇다고 아이들이 말을 잘 들었을까요. 화도 내 본 사람이 낸다고 초짜 교사 시절 저는 뭐든 미숙했습니다. 아이들은 제 빈틈을 파고들어 교묘하게 말을 안 들었습니다. 저는 이루 말할 수 없는 자괴감이 들었지요.

시간이 흘러 저도 화내는 모습이 비교적 자연스러워졌습니다. 어떤 순간에 어느 정도로 화를 내야 할지 완급을 조절할 수 있게 됐습니다. 그런데 이상하게도 제 마음속 자괴감이 사라지지는 않았지요. 뭔가 마음이 계속 허하고 찝찝하고 불편했습니다. 아이들을 만나도 충분히 행복하지 않았습니다. 아이들이 저를 무시하는 일이 예전보다 줄어드는 느낌은 드는데, 나도 아이들도 상대를 마음속 깊이 받아들이고 좋아하지 않는 듯했습니다.

그때였습니다. 아이들을 어떻게 만나야 좋을지, 아이들을 어떻게 대해야 할지, 학급 운영을 어떻게 해야 할지 공부하기 시작했습니다. 여러 가지 연수를 들으면서 배우고 또

배웠습니다. 배움은 조금씩 빛을 발하기 시작했고, 만족할 정도는 아니어도 예전처럼 화를 기본으로 장착하고 아이들을 만나지는 않았습니다. 아이들을 '존중'하면서 만나는 방법을 앞서 실천하고 계시던 많은 선생님이 하는 이야기를 들으면서 저도 조금씩 바뀌었습니다.

지금까지 제가 주저리주저리 떠든 이야기를 들은 많은 교사들이 쏟아내는 험악한 말들이 들립니다. 너만 잘났냐고, 그래서 당신 교실은 얼마나 잘 굴러가냐고. 사실 부끄럽지요. 그래도 화를 덜 내는 대신 학급 긍정 훈육법에서 말하는 '친절하며 단호한' 모습으로 바뀌려 노력 중입니다. 화를 줄인 자리에 친절함과 단호함을 넣는 방향으로요.

아마 많은 분이 또 말씀하실 겁니다. 요즘 아이들은 가뜩이나 지켜야 할 약속도 안 지키고 제멋대로 행동하는 때가 많은데, 그래서 혼낼 때는 혼도 내야 하는데 '존중'만 하면 아무것도 못 가르친다고. 어느 정도 수긍도 합니다. 그러나 '존중'하며 가르친다는 말이 아이가 저지른 잘못을 눈감는다는 뜻은 아닙니다. 잘못을 저지르면 분명하게 단호한 태도를 보여야지요. 그리고 책임질 수 있게 해야지요. 여기에서는 '단호함'과 '권위적으로 화내고 호통치는 태도'가 다르다는 점이 중요하지요. 안타깝게도 지금 제가 전하려는 문제의식이 많은 선생님에게 가닿기는 힘든 듯하니 이제 말을 좀 줄여야겠습니다.

    당연히 아이들을 존중하며 큰소리 내지 않고 가르치는 선생님도 많다고 알고 있습니다. 그러나 제가 보고 들은 현실에서는 여전히 무섭고 엄한 방식을 기본으로 둔 교사들이 생각보다 많습니다. 당연히 무서워야 할 때도 있어야 하고 엄해야 할 때도 있어야겠지요. 그러나 그런 태도가 기본값이 되어서는 안 된다고 생각합니다. 교사가 점점 힘없이 주저앉는 시대에 교사들 힘 빠지게 만드는 소리만 한 듯해 조심스럽고, 상처받을 선생님들이 계실까 죄송하기도 합니다.

튀는 걸 보아 넘기지 못하는

    두 번째 '교사 비판'은 '전체주의 문화'입니다. 전체주의 문화라고 하니까 뭔가 대단한 듯한데, 쉽게 말하면 '옆 반이 하는 튀는 행동을 보아 넘기지 못하는 문화'입니다.

    혹시 형은 그런 적 없나요? 형 반만 특색 있는 뭔가를 하려 할 때 같은 학년 선생님들이 떨떠름한 표정을 지은 적 없나요? 형은 작은 학교에 주로 근무하신데다가 혁신학교다 보니 어쩌면 의외로 그런 경험이 없을 수도 있겠네요. 저도 그렇다고 뭐 학급 운영을 대단히 특색 있게 한 적은 없을 뿐 아니라 정말 좋은 선생님들을 많이 만났거든요.

그래도 고민이 된 순간은 종종 있기는 했지요. 이를테면 여름이 되어 덥고 또 더운 날 저는 아이들이랑 꼭 물총 놀이를 합니다. 나름 환경을 생각한다고, 물총 크기와 가격 차이로 드러나는 '계급 격차'를 없애겠다고 똑같이 500밀리리터 페트병을 재활용하게 하지요. 별로 대단한 활동은 아닐 수 있지만 그래도 눈치가 보이기는 합니다. 선생님들이 가장 무서워하는 것 중 하나가 '옆 반은 하는데 우리 반은 왜 안 해요?'라는 항의성 질문이거든요. 혹시 내가 이런 활동을 해서 옆 반 아이들이 항의성 질문을 하면 여간 미안하지 않습니다. 그래서 물총 놀이를 하기 전에 옆 반 선생님들께 허락을 구하듯 해도 되냐고 물은 적이 있습니다. 사실 허락받고 할 일은 아닌데 말이지요. 다행스럽게도 같은 학년 선생님들이 당연히 해도 된다고 말씀하셔서 안도한 기억이 납니다.

저는 별일 없이 넘어간 적이 많지만, 함께 공부 모임을 하는 선생님들 이야기를 들으면 같은 학년 선생님이 불편한 속내를 내비치는 사례도 있었습니다. 혼자서 '참교사'처럼 가르치는 모습을 지켜봐야 하는 불편함을요.

언제부터 '민원'이 가장 무서운 일이 되었지요. 옆 반이랑 비교하는 아이들 민원도 무섭고 보호자 민원도 무섭고, 모두 무섭습니다. 교사가 자기 뜻대로 교육을 펼치기가 참으로 어려운 세상이에요. 그러다 보니 옆 반이 튀는 활동을 하지 않기를 바랍니다. 불똥이 튀어 나에게 민원이 들어오지 않기를요.

제대로 된 모습은 아닙니다. 옆 반이 하는 활동이 좀 튄다고 고깝게 보지 말고 좋은 활동이라면 나도 익혀 우리 반에 적용하려 노력하는 모습이 훨씬 좋지 않을까요. 지금은 뭔가 시기하고 질투하는 모양새가 되어 참 보기가 안 좋습니다. 모두 다 그렇다는 말은 아닙니다. 시기하고 질투하지 않는 사례가 더 많으리라 생각합니다. 그러나 교사 생활 하면서 한 번쯤은 다들 느낀 적 있으리라 생각합니다.

뭐든지 함께하거나, 아니면 하지 않거나. 이 둘 중 하나를 고르라고 강요하는 전체주의 문화가 우리 안에 도도하게 흐르고 있습니다.

교육자보다 직장인으로

세 번째 '교사 비판'은 '교육자보다 직장인의 정체성을 우선하는 태도'입니다. 마찬가지로 참 조심스럽습니다. 교육을 할 수 있는 환경이 만들어지지도 않았는데 교육을 하라니 말이죠. 조금만 열심히 하려 하면 오히려 민원이 들어오고 심지어 아동 학대로 신고까지 당하는 판인데, 누가 교육을 하려 하겠어요?

이 소리는 또 뭔가요. 이를테면 이런 식이지요. 아이들이 활동한 사진을 부모님들께 보여드리고 싶으니까 열심히 찍어 학급별 사회관계망 서비스(학부모 밴드, 클래스팅, 하이클래스 따위)에 올렸어요. 그런데 학부모가 '우리 선생님 바쁘신데 사진까지 올려 주셔서 감사하다'고 하지는 않고(물론 그런 분들이 더 많으리라 생각합니다), '왜 우리 아이 사진은 없어요?', '왜 우리 아이 사진은 이렇게 이상하게 나왔죠?', '우리 아이만 왜 이렇게 멀찍이 떨어져 있나요? 무슨 문제 있는 거 아니에요?'라며 꼬투리를 잡아 민원을 넣죠. 이런 일도 있었어요.

> 전북교총에 따르면 사건은 지난 3월 전북 군산시의 한 중학교 1학년 교실에서 벌어졌다. 당시 학생 간 욕설이 오가는 다툼이 발생했고, 이에 A 교사 등은 "서로 잘못이 있으니 사과하고 끝내자"라고 제안했다. 하지만 욕설을 들은 학생이 사과하는 것을 거부했고, 학생 학부모는 A 교사 등 2명을 아동학대로 경찰에 신고했다.
>
> ─ 〈'서로 사과해' 중학생 싸움 말린 교사, 아동학대 혐의로 송치〉, 《서울신문》, 2024년 6월 24일

아직 판결이 나지 않아 속단하기는 힘들고, 교사가 미숙하게 대처한 탓일지도 모릅니다. 그렇다고 해도 어디 아동

학대로 신고할 만한 일인가요? 게다가 경찰은 아동 학대라고 보아 검찰에 송치까지 한 상태입니다. '교권 5법'이 통과된 지금도 여전히 현실은 시궁창입니다. 대체 이런 학교에서 우리는 무슨 교육을 할 수 있을까요?

많은 교사가 그래서 더욱 움츠러들고 뭔가를 적극적으로 하지 않으려 합니다. 그리고 교육하면서 받은 스트레스를 교육 외적인 데에서 풀려 하지요. 아이들을 생각하기보다는 내가 이 직업에 종사하면서 얻을 수 있는 복지를 최대한 누리자는 쪽으로 흐르게 되지요. 교사를 하면서 다른 일을 해 교직 외 소득을 얻는 '겸직'에 부쩍 관심이 늘었습니다. 심지어《교사 N잡 백서》라는 책까지 나올 정도니까요. 물론 이 책은 교육하고 상관없는 일이 아니라 교육에 관련된 일을 많이 다룬 듯해 마냥 비판하기는 힘들지만 교육에서 점점 멀어지는 교사들이 늘어나는 현실을 반영한 제목이라 뭔가 씁쓸해요. 아이들에게 몰입하는 시간을 밀어내는 대신 나 자신의 복지와 '워라밸'만 챙기려는 교사들요.

성직이냐, 전문직이냐, 노동직이냐, 그것이 문제로다

이런 흐름을 무작정 비판할 수만은 없겠지요. 사실 대표적인 교사관 중 '성직관'이나 '전문직관' 대 '노동직관' 사이의 대립이라고 볼 수도 있어요.

"우리는 성직이 아니다. 교육할 수 있는 환경을 하나도 갖추지 못한 상황에서 뭘 어쩌라는 말이냐. 우리가 먼저 살 수 있어야 교육이고 뭐고 할 수 있다. 교사가 행복해야 아이들도 행복하다."

이런 아우성이 여기저기 넘칩니다.

저는 교사관이 딱 한 가지로 정립될 수 없다고 생각합니다. 상호 대립이 아니라 상호 보완이 필요하니까요. '성직관'(또는 전문직관)을 우선시한다고 해서 '노동직관'을 버리면 안 되고, '노동직관'(또는 전문직관)을 우선시한다고 해도 '성직관'을 버리면 안 됩니다.

먼저 '노동직관'을 살펴보지요. 교사가 하는 일을 노동으로 보는 관점이죠. 아직도 교사가 어떻게 노동자냐고 하시는 분도 있겠지만, 교사가 노동자라는 사실은 이제 어느 정도 상식입니다. 아이들을 가르치는 정당한 '노동'을 하고 '임금'을 받잖아요. 전국교직원노동조합(전교조)이 탄생한 시절만 해도 교사는 노동자가 아니라는 기울어진 시각이 많았지만, 이제는 교사노동조합연맹을 비롯해 여러 노조가 활동하고 있습니다.

우리는 노동자로서 안정된 교사 생활을 할 수 있는 여건과 환경을 당연히 보장받아야 합니다. 처우와 대우가 너무

나쁜데 무작정 아이들 가르치는 직업은 숭고하니까 잔말 말라(극단화된 '성직관'이겠지요)고 하면 우리가 하는 일은 그저 희생일 뿐이죠. 그것도 강요된 희생이요. 강요된 희생에 바탕한 교육이 얼마나 튼튼하겠어요. 얼마나 보람차겠어요. 얼마나 의미가 있겠어요.

지금은 서이초 사건이 일으킨 반작용으로 교사관이 '노동직관'으로 꽤 치우친 듯합니다. 그동안 교사들은 노동권에 별 관심이 없었어요. 노동자로서 지녀야 할 자의식이 부족했지요. 그래서 어느 정도 치우치더라도 이해는 할 만한하지만 건강한 균형을 잡지 못하고 있다는 생각이 많이 듭니다.

교육이 중심이 되어야

어쨌든 중심에 둘 가치는 '교육'이고 '아이들'이어야 하는데, 그리고 중심을 굳건하게 유지한 상태에서 우리의 노동권을 이야기해야 할 텐데, 현실을 보면 많은 교사가 그 중심을 놓아 버린 느낌을 받아요. '아이들'은 온데간데없이 무미건조하게 '직업인 교사'로 남으려 하고 있어요. 아이들이야 어떻게 되든 말든 교육적인 활동은 줄이고, 민원 없게 하고, 월급만 또박또박 받고, 쓸 수 있는 조퇴를 최대한 쓰면서 내

생활만 즐기는 그런 교사요.

물론 이런 모습을 마냥 욕할 수만은 없겠지요. 아동 학대 고소 위협에 일상적으로 노출된 교사 처지에서 '아이들을 생각하라'거나 '교육적 관점을 놓치면 안 된다' 따위가 어디 귀에 들어오겠습니까. 그래서 우리는 끊임없이 요구해야 합니다. 안전하게 가르칠 권리를, 학부모나 학생한테 맞지 않을 권리를, 고소당하지 않을 권리를, 자살하지 않을 권리를, 시민과 정부를 향해 외치고 또 외쳐야 합니다.

그러면서도 이 모든 것이 교육을 위한 외침이라는 사실을, 아이들을 위한 외침이라는 사실을 잊지 않아야 합니다. 우리 마음속 깊이 무엇이 뿌리인지를 생각하고 또 생각해야 합니다. 그래야 우리 구호에, 우리 요구에 진정으로 힘이 실린다고 저는 생각합니다.

학교에는 두 모습이 공존해요. 학부모와 아이들이 도를 넘는 행동을 해서 말할 수 없이 고통받는 교사의 모습과, 아이들에게 함부로 말하고 행동하거나 무관심한 교사 때문에 알게 모르게 상처받는 아이들의 모습이요. 둘 다 우리가 외면할 수 없는 현실입니다. 한 모습에 집중하느라 다른 모습을 외면하지는 않으면 좋겠습니다. 무엇보다 교사도 학생도 상처받고 있는 학교를 바꾸기 위해 우리 교사들이 먼저 자기 모습을 돌아보았으면, 힘겹겠지만, 그러면 좋겠어요. 결국 우리는 아이들이 없으면 존재 의미 자체가 사라지는 사람들이니까요.

곧 7월이 다가오네요.

진짜로 말을 줄여야 할 계절이 왔어요.

조용히 국화꽃 한 송이를, 아니 여러 송이를 준비해야겠어요.

당신은 태양인가요, 아니면 바람인가요?

보낸사람 권이근

받는사람 곽노근

2024년 7월 14일 (일)

노근 선생님, 어느새 해가 바뀌어 다시 7월입니다.

2014년 이후로 매년 4월 중순이면 특별한 일이 없더라도 마음이 힘들다는 동료들이 많습니다. 세월호 때문이지요. 앞으로 우리 교사들에게는 7월이 그러한 시기가 될 듯합니다. 조용히 국화꽃을 준비하겠다는 편지글을 보며 저는 또 가슴이 아려 옵니다. 아무리 꽃 쟁반을 꾸며 바친다 한들 선생님은 우리 곁에 없어요. 남은 사람들이 해야 할 일은 분명합니다. 다시는 이러한 비극을 되풀이하지 않으려면 잘못된 것을 찾아 하나씩 고쳐야 합니다.

현대인이 마주한 존재론적 아이러니

그런데 솔직히 말씀드리면, 무엇이 잘못되었다고 목소리를 높이는 행위가 과연 합당한지는 모르겠어요. 모순된 말처럼 들리겠지만, 이것은 마치 평범한 우리가 지구 위기에 대응하는 모습이랑 비슷하다는 생각이 들었습니다.

우리는 학교에서 기후 위기에 관해 가르치고 지구를 지키는 데 필요한 실천 방법을 열심히 토의합니다. 그렇지만 일상을 조금만 자세히 들여다보면 자기도 모르게 환경을 파괴하는 모습을 발견하고서 깊은 자괴감에 빠지고는 해요.

환경을 위해 종이컵 대신 텀블러를 사용하는 행동은 이제 학교에서는 상식처럼 받아들여집니다. 문제는 새로운 디자인이 나올 때마다 텀블러를 바꾸는 모습입니다. 텀블러를 만드는 과정에서 발생하는 온실가스가 종이컵이나 플라스틱 컵보다 10배에서 20배 정도 많다는 사실을 우리는 종종 잊지요.

또한 저는 〈대지에 입맞춤을〉이라는 환경 다큐멘터리를 본 뒤 아이들이랑 함께하는 텃밭 활동이 지닌 의미를 재구조화해 실천하고 있어요. 그런데 마무리 활동으로 수확한 채소에 삼겹살을 구워 먹고 돌아온 날 밤에 생각했습니다. 축산업에서 배출되는 메탄이 '지구 열탕화(global boiling)'(이제 '지구 온난화' 정도로 위기 상황을 설명하기 어렵다고 합니다)에 끼치는 폐해를 알면서도 나는 굳이 돼지고기를 먹으면서 텃밭 잔치를 벌여야 했을까?

네, 알고 있습니다. 이런 식으로 자기비판에 빠지기 시작하면 존재 자체가 악이 되면서 우리는 더는 아무것도 할 수 없게 된다는 것을요. 그렇지만 이러한 반성은 기본적인 태도를 바꿀 수는 있다고 생각해요. 우리 교사들은 제가 '에스컬레이터 증후군'을 예로 들며 말씀드린 대로 어느 한쪽에 치우쳐서 반대편을 향해 손가락질하는 '편 가르기'식 태도를 보여서는 안 됩니다.

편 가르기식 행위는 대한민국 정치 현실이 극명하게 보여 주고 있어요. 꼬리에 꼬리를 물고 상대방을 나락으로 이끄는 끊임없는 진영 다툼 끝에 결국 배척과 환멸로 끝나는 막장 드라마를 쓰게 될 거예요.

태양과 바람

서두가 길었습니다. 그러니까 선생님의 답장을 읽은 뒤 고민 끝에 제가 다다른 곳은 이솝 우화 중 〈태양과 바람〉이었습니다. 길 가는 나그네가 입은 외투는 광폭한 '바람'이 아니라 따스하게 품어 안는 '태양'이 벗기지요.

'반드시 너의 외투를 벗겨 버리겠다!'는 태도가 아니라 공존하기 위해 상대의 부족한 부분을 채워 주고 서로 원하는 세상을 위해 진정으로 함께 노력하는 자세야말로 세상을 바꾸는 본질적인 힘이라는 단순한 결론에 이르렀습니다.

요컨대 지금처럼 학교에 있는 문제를 이야기하고 잘못된

부분을 지적할 때 우리 생각이 정답이라며 어깨에 힘 잔뜩 주며 깃발을 세우지 말고, 아이들이 성장하기 위해 학교 교육 공동체가 진정으로 바라는 대안이 무엇이며 거기에 이르는 데 부족한 점이 뭔지 서로 먼저 살피는 태도를 견지해야만 합니다.

그렇기 때문에 지난 편지에서 교대 이야기를 하며 제가 부정적으로 표현한 교대생과 초등 교사 이야기는 거두어들여야 할 듯합니다. 그저 지금 우리 모습을 만든 뿌리가 무엇인지 잠시 비춰 보는 여러 거울 중 하나로 생각하시면 좋겠습니다.

제가 아무리 '대한민국 학교는 죽었다'고 주장해도 근대식 학교를 특징짓는 기본 틀은 엄연히 유지될 테고(인공 지능을 비롯한 디지털 혁명이 아무리 세상을 뒤바꾼다 해도 말입니다), 우리 교사들은 그 안에서 끊임없이 변화를 이끌어야만 하는 사람들이니까요.

교사들이 품은 근원적 갈망

태양과 바람은 선생님께서 지난 편지에 적은 첫 번째 비판 내용하고도 맞닿아 있습니다. 교실에서 체벌이 사라진 지금도 여전히 교사들은 권위적인 태도와 방식으로 아이들을 지도한다는 말씀을 듣고 요즘 뜨거운 화제인 손웅정 감독 아동 학대 사건이 떠올랐어요. 손웅정 감독은 태양일까요, 바람일까요.

아마 손웅정 감독은 태양과 바람의 경계를 조심스럽게 넘나들려고 무던히 노력하셨겠지요. 그런데도 교사나 체육 지도자들이 지닌 근원적 갈망은 늘 양날의 검이 되어 우리를 번뇌하게 만듭니다.

'조금만 더 하면 할 수 있는데, 조금만 더 하면 이길 수 있는데!'

가르치는 사람들은 항상 이러한 생각을 포기하지 못한 채 '조금만 더 하면'이라는 아슬아슬한 경계선에서 줄타기에 실패하거나 성공하기도, 비난받거나 칭송받기도 합니다. 또는 학생(선수)들이 교육 목표(승리)를 성취하거나, 아니면 목표(승리)를 성취하지는 못해도 학습(훈련) 과정에서 내적 성장을 한다는 위안을 느끼면서 늘 존재감을 확인받거나 정체성을 강화하려 합니다.

그런데 목표 도달이든 내적 성장이든 반드시 학생의 변화가 전제되어야 합니다. 만일 그러한 변화를 갈망하지 않는 교사라면 한국에서 꽤 편한 직업 생활을 영위할 수 있을 거예요.

문제는 변화를 위해 필요한 '조금만 더'가 선생님 말씀처럼 권위적이고 위압적인 예전 방식으로 쉽게 빠져들게 된다는 겁니다. 곧장 동기 부여가 되고 집중력을 빠르게 끌어올리기 쉽기 때문이며, 눈에 보이는 결과물을 얻게 될 확률이 높다고 믿기 때문일 겁니다.

자기 한계를 극복하려고 이른바 '지옥' 훈련을 버텨낸 뒤에 결국 원하는 목표를 성취한다는 스포츠 영화는 끊임없이 재생산되며, 현실 속 한계를 극복한 실제 인물들 이야기도 종종 화려하게 조명되지요. 그래서 교사나 체육 지도자들은 매번 태양과 바람 사이 어디쯤에서 서성이게 되는지 모르겠습니다. 혹시 태양도 바람도 아닌 변화 방법이 있을까요?

여왕의 교실

예전 편지에서 선생님께서는 영화 〈말죽거리 잔혹사〉 속의 권위적인 교사 모습을 이야기하며 분통을 터트렸지요. 저는 일본 드라마 〈여왕의 교실〉 속 교사를 말씀드리고 싶습니다.

2005년에 일본에서 방영된 이 드라마는 '바람'을 넘어서 '태풍'에 가까운 제왕적 교사에 대항하며 성장하는 초등학교 6학년 아이들 이야기를 담고 있어요. 2013년에는 《문화방송(MBC)》에서 고현정이 주연을 맡은 드라마로 리메이크

했지요.

워낙 논쟁적 주제가 많이 담긴 드라마이지만 '마야'라는 교사 이야기만 하겠습니다. 초임 때는 노근 선생님이나 저처럼 물러 터지고 착한 교사 그 자체였어요. 그런데 한 학생에게 바닥까지 처참하게 배신당하고 사랑하는 아들을 사고로 잃으면서 이혼까지 당하게 됩니다. 이때부터 마야는 현실이란 우리가 책에서 꿈꾸던 이상적 세계가 아니라 불가해한 부조리 자체라고 인식하게 되지요.

자, 이제부터 마야가 지닌 교사상이 극적으로 변화해요. 교사인 마야 자신이 세상을 닮은 부조리가 되어 학생들에게 자기를 극복하라고 요구합니다. 불가해한 세상을 닮은 벽이 되어 자기를 뛰어넘으라고 외치는 마야는 마치 무시무시한 바람 같습니다.

그렇지만 마야는 아무도 모르게 학급 아이들 가정 환경을 속속들이 파악하느라, 그리고 강압적 지도 방식 때문에 위축된 아이들이 큰 문제를 일으키지는 않을지 노심초사하며 스토커처럼 관찰하느라 밤잠도 들지 못합니다. 숨겨진 모습이 드라마 후반부에 드러나면서 시청자들은 교사 마야의 참모습을, 그리고 아이들의 진정한 성장을 다시 생각하게 하지요.

아이들은 선생님이 품은 진짜 속마음을 이해한 뒤 이전

처럼 어리광을 부리거나 늘 핑곗거리를 찾으며 해야 할 일을 안 하는 모습에서 벗어납니다. 자기 일상을 스스로 책임 있게 계획하고 실천하면서 미래도 진지하게 고민하고 도전하는 모습으로 성장하는 드라마 속 6학년 아이들을 보고 많은 교사들은 감동합니다.

물론 현실에서 교사가 마야 같은 '바람'이 된다면 곧바로 아동 학대로 기소돼 처벌될 겁니다. 드라마에서도 마야는 학부모 민원 때문에 징계에 이어 사직을 종용받지요.

부끄러운 고백

선생님께서는 초임 교사 시절에는 '태양'으로 시작해 잠시 '바람'을 거쳐 이제는 학급 긍정 훈육법에서 말하는 '친절하며 단호한' 교사로 정체성을 찾아가고 있다고 말씀하셨어요. 그리고 여기에서 '단호함'이란 엄격해야 할 부분에서 흔들리지 않은 태도를 가리킬 뿐 호통치거나 화내는 모습은 아니라고 말씀하셨어요. 맞습니다. 정말 옳은 말씀입니다.

2021년 학생이 저를 아동 학대로 신고할 때 상황도 바로 정확히 이러했어요. 교사도 사람이기 때문에 인간적 감정에 휘둘려 화나는 상황이 생길 수밖에 없습니다. 그러나 이제는 어떤 순간에도 평정심을 잃지 않아야만 교단에 설 수 있게 되었어요. 저도 수학 학습에 도무지 참여하지 않으려는 아이에게 '또래 교사'인 친구들 도움을 받게 하려 하다가 그것마저도 여러 차례 거부하는 상황이 벌어지자 그만 폭발하고 말았지요. 그때 저는 시간을 두고 다음 기회에 다시 새롭게 시작하자며 분위기를 전환해야 했습니다.

그 아이는 제가 호통을 치고 음악 시간 때 쓰는 지휘봉으로 배를 찌르자 기분이 나빠져서 곧바로 경찰서에 신고했습니다. 경중에서 차이는 있겠지만, 손웅정 감독과 코치들이 아동 학대로 고발당한 상황하고 비슷하다는 생각이 들었어요. 손웅정 감독도 이렇게 말했다지요. "시대의 변화와 법에서 정하는 기준을 캐치하지 못하고 제 방식대로만 아이들을 지도한 점을 반성하고, 아이들이 운동장에서 최고의 집중력을 발휘하고 훈련에 몰입할 수 있도록 또 다른 방법을 찾도록 하겠습니다."

그렇지만 선생님, 교사가 아무리 엄격하고 단호한 모습을 견지한다 한들 막상 학생이 변하지 않겠다고 고집을 부리면 어떻게 해야 할까요? 교사들은 법을 위반하지 않으면서 아이들 마음을 움직일 수 있는 '혼내는 기술'이라도 연마해야 할까요? 이것이 혹시 선생님이 말씀하신 교사의 카리스마일까요?

그리고 변화와 성장을 위해 반드시 동반하게 되는 고통

과 힘겨움을 (교사를 포함하여) 우리 어른들은 아이들에게 어떻게 가르칠 수 있을까요? 지금은 '네가 이것을 하면 네가 원하는 것을 해 줄게'처럼 물질이나 감각적 유희를 보상하는 방식이 대부분이죠. 그렇지만 보상 유혹이 사라지면 자기가 해야만 하는 이유를 잊게 됩니다. 결국 자기가 원한 게 아니라며 허무하게 절규하는 사례를 둘레에서 종종 목격했어요. 물론 교육적 경험으로 체험하게 하는 방법도 있겠지만, 그 과정에서 필연적으로 발생하는 정서적 피해 의식에 우리 교사들은 어떻게 대처해야 할까요?

칠판에 붙은 경고 스티커에도 아이가 기분이 상하면 아동 학대가 되는 현실은 선생님 말씀처럼 '시궁창' 자체입니다. 이러한 현실은 '권위적으로 호통치는 태도'와 '친절하며 단호한' 태도 사이의 문제로 설명하기가 조금 어려워요.

서이초 사건 이후로 많은 교사가 주장한 대로 반드시 법적으로 보호받는 훈육 방법이 마련되어야 하고, 문제 행동을 지속적으로 일으켜 학급 아이들에게 피해를 주는 학생에게 교사가 분리 조치를 내리고 치료 지원을 요청할 수 있는 권리를 법적으로 보장해야 합니다. 또한 문제 행동 학생을 양육하는 학부모는 담임 교사가 아니라 관리자나 상담 전문가가 대응하게 하는 법적 기준이 마련되어야 해요. 서이초 사건이 다시 되풀이되지 않으려면 말입니다.

오늘날 교사는 학생 역량 개발과 정서 함양을 위한 수업도 해야 하고, 그 수업을 연구하느라 교사 학습 공동체에도 참여해야 하고, 어마어마한 행정 업무도 처리해야 하고, 학생들 사이에 일어나는 다툼도 해결해야 하고, 학생들이 지닌 잘못된 습관이나 행동을 고치는 생활 지도도 해야 하고, 학생 상담과 학부모 상담도 해야 하고, 악성 민원에도 대응해야 하는 '슈퍼 히어로'입니다.

저는 오늘의 학교가 거대한 정신 병동 같다는 생각을 자주 합니다. 교실에서 일어나는 사소한 일에도 무조건 법이라는 잣대를 들이댑니다. 학급 긍정 훈육법이나 비폭력 대화, 감정 코칭 같은 이른바 회복적 생활 지도만으로 감당하기 힘든 상황에서 교사를 보호할 수 있는 법적이고 제도적인 장치가 필요합니다. 교사 출신 법률 전문가들이 지적하듯 교사에게는 생존권이 달린 문제입니다.

교직 사회의 전체주의 문화

학생 지도에서 부딪치는 어려움은 다음 편지에서 좀더 구체적으로 나누기로 하고, 선생님이 두 번째 교사 비판을 이야기하면서 제게 질문한 내용에 답해 볼게요.

교사들의 전체주의 문화, 다시 말해 옆 반이 튀는 모습을 불편해하는 문화를 말씀하시면서 제 경험을 물어보셨지요. 잘 아시듯이 저는 초임 발령을 받을 때 다른 신규 교사보다 열 살 정도 많아서 부장 선생님을 빼면 같은 학년 선생님들에 견줘 나이가 한참 위였어요. 솔직히 눈치를 덜 봤어요. 그렇다고 나이를 내세워 위력을 행사한 적은 절대 없습니다.

더구나 초임 발령 뒤 1년 반 만에 전출 간 충남은 아무런 인연이 없는 곳이어서 눈치를 볼 필요가 전혀 없었죠. 대한민국은 혈연, 학연, 지연을 빼면 해골 같다는 생각을 늘 합니다. 또한 저는 승진을 원하지 않아서 관리자가 합당하지 않은 요구를 해도 고민할 이유가 없었어요. 더구나 전직 기자라는 딱지까지 있으니 관리자나 원로 교사도 함부로 접근하지 못하고 경계심을 품은 듯해요.

그러니까 쉽게 말하자면 저는 신규 때부터 하고 싶은 대로 다 했어요. 학교에서 할 수 없는 일들은 주말을 이용했어요. 제 사비를 털어 영화관, 스케이트장, 수영장, 지역 축제, 지역 도서관, 주말 산행, 심지어 찜질방까지 학급 아이들을 데리고 다녔지요. 2010년에는 선생님 덕분에 태어나서 처음으로 영화관에 간다는 6학년 아이를 만난 적도 있어요.

이런 저에게 뭐라고 하는 사람은 아무도 없었습니다. 물론 농담처럼 슬쩍 왜 이렇게 열심히 하느냐고 말하는 선배 교사들은 있었지만, 그냥 애들이랑 노는 게 좋다고 답하면 끝이었어요. 남들보다 늦게 시작한 교직인데 눈치 보면서 아이들을 만나고 싶지 않았거든요.

그렇다고 선생님께서 이야기한 '뭐든지 함께하거나, 아니면 하지 않거나'를 요구하는 전체주의 교직 문화를 부정하지는 않아요. 저도 초임 때는 잘 모르다가 경력이 늘어 가면서 절실하게 느낀 문제니까요. 옆 반에서 들려오는 민원 때문이기도 하지만, 저는 국가 수준 교육 과정, 지역 수준 교육 과정, 학교 수준 교육 과정을 일사불란하게 엮으려는 교직 문화에 더 큰 문제의식을 느껴요.

준비 기간까지 포함해 5년 동안 동료 교사들이랑 함께 혁신학교를 만드는 과정에서 저는 의미 있는 경험을 많이 했습니다. 처음에는 교육 철학과 아동관, 학교 교육의 방향 등을 함께 공부했습니다. 그리고 전체 틀을 갖추려 구체적인 교육 활동을 학년성에 맞춰 수준을 달리하여 짜고 전 학년이 모두 참여하게 했습니다.

이런 상황은 3년 차에 들어 인사 발령을 받아 새로운 교사들이 들어오면서 전환기를 맞이합니다. 교사마다 좋아하는 분야와 잘하는 분야가 다 다르고 관심 분야도 다양해서 전체적인 교육 목표와 방향만 일치한다면 구체적인 학급 활동은 담임 교사가 자율적으로 계획하고 실천하게 했습니다.

물론 저를 비롯해 초창기 멤버들은 상실감을 약간 느끼

기도 했습니다. 야근을 밥 먹듯 하며 학교 교육 철학을 구현하기 위한 교육 활동을 기획한 뒤 그 내용을 마을에 있는 교육 자원에 연계하기 위해 사람을 만나는 일은 행복하기는 해도 쉽지 않은 과정이기 때문입니다. 그렇게 공들인 교육 활동이 하나씩 사라지는 모습을 지켜보는 시간도 쉽지는 않았고요.

그렇지만 방향이 같은 다양한 교육 활동은 학교를 훨씬 더 풍요롭고 역동적으로 바꿨습니다. 이질적인 활동이 충돌하면서 만드는 긍정적 시너지는 기대 이상이었어요. 교사들 사이에 자기 계발을 자극하는 동기를 부여할 뿐만 아니라 무엇보다 학부모들이 상당히 만족했습니다.

결과적으로 4년 차를 맞이한 해 3월에는 면 단위에 자리한 우리 학교 학생 수가 40명 넘게 늘어났습니다. 사실 제가 근무하는 지역에 있는 면 단위 학교는 학생 수가 30명에서 40명이니까 면 단위 학교 하나를 만든 셈이었습니다. 그야말로 대성공이었지요.

가르치고 싶은 걸 가르치지 못하는 학교

혁신학교 근무를 마치고 옮긴 학교에서는 선생님 말씀처럼 모든 학년이 똑같은 학교 교육 활동에 참여하도록 암묵적으로 강요받았습니다. 예전 편지에서도 이야기했지만, 이런 방침은 교사 회의를 거쳐 진행되기 때문에 언뜻 민주적인 의사 결정처럼 보입니다. 그런데 제가 볼 때는 대부분 부장 교사나 원로 교사들 뜻대로 결정되었어요.

개별 교사의 성장과 발전이 아니라 지역 교육지원청이나 시도 교육청이 정한 역점 업무 추진 방향에 초점을 맞춰 학교 교육 방향을 계획하고 실천하는 모습은 더 처참했습니다. 그야말로 우리는 시키는 대로 가르쳐야 하는 공무원이었죠.

교육청에 종속되지 말자고, 10년 가까이 동료 교사들을 아무리 설득해도 '쇠귀에 경 읽기'처럼 바뀌려 하지 않는 현실은 더 절망적이지요. 교육청은 이름 그대로 학교 현장에서 진행하는 교육 활동을 체계 있게 지원하고 교사를 법적으로 보호해야 하는데, 아직도 말단 학교를 마치 수족 부리듯 하지요.

'2022 개정 교육과정'을 구성하는 큰 축 중 하나가 저출산 때문에 줄어든 학생 수에 맞춘 개별 맞춤형 교육 강화입니다. 그렇다면 가장 먼저 학교 현장에서 아이들을 직접 만나는 담임 교사가 진행하는 특화된 교육 활동을 믿고 지지해야 하지 않을까요? 상황이 이렇다 보니 선생님이 지난 편지에서 지적한 대로 교사들이 겸직하려는 욕구를 지니는 현실이 어쩌면 자연스러울지도 모른다는 생각도 듭니다. 시키는 대로 가르쳐야 한다면 학교에서 가르치는 일이 무슨 재미가 있겠습니까?

참, 먼저 교직 사회에서 드러나는 교사들 모습을 교대 시절 교육학 시간에 배운 교사관(성직관, 전문직관, 노동직관)을 바탕으로 정리한 점은 인상 깊었어요. 선생님 말씀대로 노동직관으로 지나치게 치우친 요즘 교사들 모습에서 가장 소중한 아이들이 사라지고 있다는 지적은 가슴 아픕니다.

그런데 앞으로 이러한 흐름이 꽤 오랫동안 강화될 듯합니다. 한편으로는 당연한 변화라는 생각까지 듭니다. 교사는 가르치는 자로서 끊임없는 자기 계발과 연마를 포기하면 안 되는 존재이기 때문입니다. 그렇기 때문에 교사는 학교 밖 사람들이 그토록 부러워하는 방학 동안 자기 발전을 위해 꾸준히 연수받고 노력해야 합니다.

'겸직'이라는 말이 불편하게 들릴 수도 있겠지만, 어쨌든 교사가 다양한 관심 분야로 확장한 역량은 학급 아이들에게 긍정적 영향을 끼칠 수 있는 새로운 에너지가 될 겁니다. 무엇보다 시키는 대로 가르쳐야 하는 답답한 현실에서 숨구멍을 찾으려는 강렬한 욕구가 표출된 모습이기 때문입니다.

교직 사회나 학급 아이들에게 부정적인 영향이 아예 없을 수는 없겠지요. 그렇지만 이런 현상은 이미 말씀드린 대로 어쩌면 자본주의라는 무한 욕망 구조 안에서 실존하는 현대인들이 필연적으로 겪는 아이러니라고 생각합니다. 아무리 투철한 환경 운동가라 할지라도 전기도 수도도 없는 깊은 산골에 들어가 살지 않는다면 욕망을 충족하기 위해 어쩔 수 없이 반환경적 소비 활동을 할 수밖에 없는 모순 속에 우리는 서 있습니다.

그러니 윤동주가 쓴 시 〈참회록〉의 한 구절처럼 끊임없이 마음의 '거울을 손바닥으로 발바닥으로 닦'으면서 자기 자신을 비추며 살아야만 합니다. 어느 순간 내가 내지른 '부끄런 고백'이 내 발목을 잡지 않도록, 설령 발목을 잡더라도 얼른 잘못을 고백하고 다시 일어설 수 있도록, 나랑 다른 생각을 하는 존재들을 짓누르지 않고 함께 걸어갈 수 있도록 말입니다. 그리고 그 거울 안에 오롯이 교사와 아이들이 함께 성장하는 모습이 충만하도록 말입니다.

교사가 꿈꾸는 교사상

노근 선생님, 혹시 제가 왜 이렇게 열심히 아이들이랑 노는 활동에 집중하는지 아세요? 제가 정말 닮고 싶은 롤 모델 선생님이 한 분 계십니다. 초등학교 6학년 때 담임 선생님, 김남권 선생님이시죠. '나를 키운 건 팔 할이 바람'이라고 고백한 서정주처럼 교사로서 제 모습을 만든 팔 할이 바로 김남권 선생님이었습니다. 기회 되면 나중에 이 선생님에 관해 말씀드릴게요.

두 차례에 걸쳐 우리 동료인 교사들을 비판했는데, 솔직히 저는 노근 선생님이 꿈꾸는 교사상은 무엇인지 궁금해졌어요. 저처럼 롤 모델인 선배 교사가 있다면 답장에서 꼭 이야기해 주면 좋겠어요. 아마 그 이야기 속에 우리가 가닿아야 할 궁극적인 교사상이 숨겨져 있을 테니까요.

곧 서이초 선생님 1주기가 다가옵니다. 저는 이번 주 내내 촛불을 켜고 묵주를 들고서 기도할 생각입니다.

그 아이는 도대체 왜 그렇게 됐을까요?

보낸사람 곽노근

받는사람 권이근

2024년 8월 14일 (수)

어쩔 수 없이 교사들이 지닌 문제, 권위주의를 다시 한 번 짚어야겠습니다. 다른 문제는 조금 제쳐 두더라도요. 저는 이 문제가 가장 중요하다고 보기 때문이에요.

교사들의 문제, 권위주의

참 아이러니하지요. 저는 교사들이 권위적인 방식을 여전히 많이들 유지하고 있다고 생각하는데, 학생들한테 교사의 권위는 점점 떨어지다 못해 기본적 인권조차 위협받는 현실 말이에요. 그런 현실은 제가 앞선 편지에 적은 '무기력 교사의 탄생'이라는 문제에 관련됩니다. '체벌'이라는 어마어마한 권력을 휘두르던 교사들이 어느 순간 체벌을 할 수 없게 되면서 빈 곳을 어떻게든 메꾸려는 발버둥이라고 할까요. 체벌을 할 수 없으니 윽박지르는 식으로 아이들을 통제하려는 것이지요.

그러나 실질적으로 아이들을 제재할 방법과 시스템이 없는 상태에서 무섭게 대하는 방식은 한계가 뚜렷했습니다. 아무리 교사가 무섭게 대한들 아이들은 교사가 하는 말을 듣지 않아도 맞을 일이 없거든요. 그렇다고 쉽게 징계를 받지도 않고, 징계를 받아도 솜방망이인 때가 많거든요. 학생이 막 나가도 아무것도 할 수 없는 상황이 온 겁니다.

물론 모두 그렇지는 않습니다. 그래도 아이들은 대부분 착하고, 무섭게 대하는 교사가 하는 말도 웬만하면 잘 들었습니다. 그렇지만 이런 상황이 그리 오래가지 못할뿐더러 바람직한 상황도 아닙니다. 무서운 교사, 곧 교사가 지닌 카리스마에 의존한 교실은 얼마 안 가 무너질 게 뻔했거든요. 심한 문제 행동을 보이는 학생을 관리할 수 있는 잘 짜인 훈육 체계, 특정한 학교가 아니라 전체 학교에 어느 정도 일관되게 적용될 수 있는 시스템이 필요합니다.

그러나 우리 교육은 그런 시스템을 제대로 만들지 않았고, 문제의식도 너무 부족한 채 그저 교사 개인이 지닌 역량에 모두 맡기는 경향이 있습니다. 교사가 할 수 있는 일이 아주 제한적인데 모든 것을 교사에게 맡기는 이 아이러니한 상황 속에서 무슨 교육을 할 수 있겠습니까.

그래서 교사의 권위주의 문제는 속 시원하게 비판하고 싶어도 그럴 수가 없습니다. 권위적인 교사, 무서운 태도를 기본으로 삼은 교사가 왕왕 보이는데도, 무작정 비판하지 못하겠어요. 교대나 사범대 등 교사 양성 기관에서 학생 훈육법이나 학생 지도법을 배운 적 없고 학생 생활 지도 시스템을 전혀 안 갖춘 현실에서 어떻게 개인에게 책임을 떠넘길 수 있겠습니까. 형 말처럼 저도 섣부른 교사 비판을 거두어들여야 하지 싶습니다.

손웅정의 아동 학대

저도 손웅정 감독이 쓴 방식이 형 말처럼 태양과 바람을 넘나들 듯 아슬아슬하다고 생각해요. 그렇지만 사실은 태양보다 바람에 좀더 치우쳤지요. 바람이 그저 엄한 태도 정도로 끝나면 좋았겠지만, 자주 그러지는 않아도 몇 번씩 '선'을 넘었어요. 손 감독은 '욕'을 했고, 코치진은 '체벌'을 했고요.

학부모가 보인 치졸함과 비겁함, 돈에 관련된 천박한 태도는 비판받아 마땅하지만, 그런 잘못이 손 감독과 코치진이 저지른 잘못을 정당하게 만들 수는 없어요. 좋은 결과를 끌어낼 수 있다면 과정이야 어때도 괜찮다는 논리랑 별로 다르지 않다고 생각해요.

욕과 체벌은 아동 학대를 가르는 분기점이나 기준이라고 저는 생각해요. 욕은 '정서적 학대'에 관련되고 체벌은 '신체적 학대'에 관련되죠. 체벌은 한 번만 하더라도 '신체적 학대'라는 데 이견이 있는 사람이 있을까요? 체벌은 아무리 한 번이라도 하면 안 되는 거예요. 손 감독에게 여론이 호의적이라 하더라도 코치진이 저지른 잘못은 그냥 넘어갈 수 없다고 생각해요.

'정서적 학대'는 참 애매해요. 잘 알려져 있다시피 '정서적 학대'는 명확한 기준이 없어요. 그래서 얼마 전 발의된 일명 '서이초 특별법' 중 하나에는 정서적 학대를 가르는 기준을 명확히 하려고 노력한 흔적이 있지요. 기준은 단순하게 말해 '지속성'과 '강도'예요. 얼마나 오래 하고 어느 정도 심한지를 보지요. 아이들에게 하는 욕은 절대 올바른 행동이 아니고 그런 행동이 허용되는 분위기는 없어져야 할 구태이지만, 반복적이지 않은 욕 한 번을 아동 학대라는 '죄'로 처벌하는 문제는 상황에 따라 다를 수 있다고 생각해요.

욕 자체만 봐도 강도가 약하다고 말하기 힘들 텐데 그런 욕을 여러 번 한 정황이 충분히 인정된다면 여지없이 '정서적 학대'로 봐야겠지요.

권이근의 아동 학대

이근 형은 어떨까요. 형은 손웅정과 자기가 비슷해 보인다고 했지만, 저는 생각이 달라요. 저는 아동 학대로 넘어가는 어떤 '선'이 있다고 생각해요. 손웅정은 '선'을 넘었고, 형은 '선'을 넘지는 않았다고 생각해요.

일단 형, 형한테는 정말 미안한 얘기지만 호통을 치고 지휘봉으로 아이 배를 찌른 행동은 분명 문제가 있어요. 호통 자체는 큰 문제라고 저는 생각하지 않아요. 그 안에 욕이 들어 있다거나 아이 인격을 뚜렷하게 깔아뭉개는 말이 없다면요. 앞에서도 말한 대로 정서적 학대의 분기점은 욕이라고 생각해요. 그러나 단순히 아이가 한 문제 행동을 지적하며 큰소리로 호통친다고 해서 저는 아동 학대라고 생각하지 않아요. 현실에서는 '큰소리 호통'도 아동 학대로 신고당하는 판이지만요.

물론 호통치는 방식이 아예 문제가 없다는 말은 아니고, 다른 방법으로 아이를 훈육할 수 있다면 당연히 더 좋았겠지요. 그렇지만 '다른 방법'이라는 대안이 딱히 없는 우리 교사들에게는 무책임한 말일 수도 있어요. 어쨌든 호통 자체가 아동 학대라면 정말 너무하다고 저는 생각해요.

지휘봉으로 아이 배를 찌른 행동은 어떨까요. 이런 행동은 신체적 학대에 관련될 텐데, 저는 앞에서도 이야기한 대로 신체적 학대를 가르는 분기점은 '체벌'이나 '물리적 가격'이라고 생각해요. 아이 배를 찌른 행동은 '체벌'이나 '물리적 가격'에 해당할까요? 저는 그 행동이 부적절하다고 얘기할 수 있을지언정 체벌이나 물리적 가격에 들어갈 정도는 아니라고 봐요. 물론 문제 소지가 있는 행동은 분명해서 형이 말한 대로 그런 행동을 하는 대신 '시간을 두고 다음 기회에 다시 새롭게 시작하자며 분위기를 전환해야' 했어요. 그런데도 아동 학대로 처벌해야 한다고는 전혀 생각하지 않아요. 형법상 처벌은 다른 문제니까요.

이렇게 말하면서도 저는 사실 형 마음을 어떤 사람보다도 이해하고 공감합니다. 저도 감당하지 못할 아이를 만난 경험이 있거든요. 수업 시간이면 찌를 듯한 고음과 괴상한 흥얼거림을 반복하던 그 아이는 하지 말라고 아무리 말하고 호통치고 달래도 소용이 없었어요(저도 호통친 경험이 많습니다. 사실 교사라면 거의 다 그렇지요. 하지 않으려 노력합니다). 멈추지 않았지요. 외부 강사 수업이라 이동해야 하는 시간인데도 가지 않아 한참을 설득했어요.

결과는 어땠을까. 복도 긴 의자에 드러누운 그 아이를 어쩌지 못하는 저를 보며 저 스스로 무기력해졌지요. 한없는 우울감에 빠져들었어요. 더 힘들고 어려운 상황도 얼마든지 이야기할 수 있지만 굳이 부끄러운 과거를 후벼 파서 뭐 하겠습니까. 더불어 형이 받은 아픔이자 상처를 제가 너무 건조하게 대하지 않았는지, 더 덧나게 해 아무는 상처를 곪게 하지 않았는지 걱정이 되고 미안한 마음이에요.

친절하며 단호한 생활 지도?

지금 현실은 '권위적으로 호통치는' 태도와 '친절하며 단호한' 태도 사이의 문제로 설명하기가 조금 어렵다는 진단에 동의해요. 다시 말하자면 아무리 제가 대안으로 내놓은 '친절하며 단호한' 태도로 일관한다 한들 한계가 있다는 이야기죠, 형 말은?

형이 한 말을 다시 제 말로 정리하자면, '친절하며 단호한 생활 지도'에 더불어 법적 장치와 제도적 장치가 함께 가야 해요. 하나만 있으면 반쪽밖에 안 돼요. 서로 보완하는 관계여야겠지요.

일단 '친절하며 단호한 생활 지도'부터 설명해야겠어요. 교사들이라면 어디선가 들어봤을 법한 이 말을 사실 제대로 이해하는 사람은 그리 많지 않지요.

예를 들어 볼게요. 학교에서 동아리 활동으로 아이들이 교실에서 요리를 하고 있어요. 한 아이가 준비물 중 하나인 케첩을 갖고 친구들을 향해 총 쏘는 흉내를 내요. 그러다가 실수로 진짜 케첩이 나와 친구 옷에 묻었어요.

친절하기만 한 교사라면 어떻게 할까요? 아마도 아이를

달래는 정도로 끝낼 거예요. "에고, 괜찮아, 괜찮아. 친구한테 장난치려다가 실수로 그럴 수 있지. 다음부터 조심하면 돼." 아이는 충분한 공감을 받기는 하지만 아무것도 배우지 못해요. 자기 잘못에 책임을 지지 않아요. 아이는 이 정도 잘못은 그냥 해도 된다고 생각할 거예요.

단호하기만 한 교사는 어떨까요? 아마도 호통을 치거나 화를 내겠죠. "곽노근, 선생님이 먹는 거로 그런 장난 치지 말라고 했지? 몇 번을 얘기해야 알겠어? 네가 친구 옷 다 물어 줄 거야?" 아이는 자기가 잘못한 사실은 알기야 하겠지만 충분히 공감받지 못해서 마음속에 울분이 가득 차 있습니다. 인정하고 싶지 않습니다. 때로 책임을 떠넘기기도 합니다. 애꿎게 옆의 아이를 탓하기도 하고 선생님한테 복수하고 싶다는 생각도 합니다.

친절하며 단호한 교사는 어떤가요. '감정'에 친절하지만 (곧 공감해 주지만), '행동'에는 단호합니다. "노근아, 일부러 그런 건 아니지? 실수로 그런 거 알아. 노근이도 놀랐지? 그렇지만 케첩이 묻은 이근이는 어떤 기분일까? 이근이한테 어떻게 해야 할까? 그렇지, 이근이한테 사과하고 이근이 옷에 묻은 건 네가 최선을 다해 지워 줘야 해." 그러고 나서 화장실에 가서 지울 수 있는 만큼 지우게 합니다. 어쩌면 정말로 친구 옷을 물어 줘야 할지 모른다고 알려도 줍니다. 아이 마음에 공감하되 아이 행동 중 잘못된 점은 반드시 일러 주고 책임지는 행동을 할 수 있게 해야 합니다.

어찌 보면 뻔한 말 같기도 합니다. 그러나 교육 현장에서 친절하며 단호한 태도로 아이를 대하는 교사는 생각만큼 많지 않습니다. 아이가 저지른 잘못부터 지적하고 꾸중만 하는 사례가 생각보다 많습니다. 언제나 먼저 '공감'해야 합니다.

당연히 '공감'만으로 끝내서는 안 됩니다. 공감 뒤에는 '꾸중'이 아니라 '단호함'을 놓치지 말아야 합니다. 네가 잘못한 행동에 책임질 수 있어야 한다는 행동에 관한 단호함. 잘못된 행동을 알려 주고 책임지는 행동을 할 수 있게 이끄는 과정에서 절대 물러서지 않는 단호함. 그러나 윽박지르거나 화내지 않는 단호함.

교감 뺨을 때린 아이

저는 얼마 전 논란이 된 '교감 뺨을 때린 아이' 사건을 사례로 들어 친절하며 단호한 생활 지도를 실행하는 방식, 그리고 더불어 법과 제도가 연결되어야 하는 방식을 생각해 보려 해요.

2024년 6월 3일 전라북도 전주에 자리한 한 초등학교에서 3학년 아이가 교감 선생님 뺨을 여러 번 때렸습니다. 침도 뱉고 욕도 했습니다. 팔뚝도 깨물었습니다. 우산으로 벽이나 창문을 내려치기도 했습니다. 아이는 왜 그랬을까요. 무단 조퇴를 하려다가 교감이 막자 그런 일을 벌였습니다.

> **교감** "뭐 하는 거야, 지금."
> **아이** "야, 이 ××야. (교감 얼굴을 스치듯 때리며) 너 봐줄 거 같았어?"
> **교감** "지금 내 얼굴 때렸냐? 경찰 불러 봐."
> **아이** "그래! 뺨 때렸다!"
> **교감** "뭐 하냐?"
> **아이** "뺨 때렸다! 너는 그냥 감옥이나 가라."
> **교감** "뭐 하는 거야, 지금?"
> **아이** "감옥 가라고! (교감 뺨 5번 정도 때리며) 개××야! 개××야! 개××야! 개××야! 개××야!"

아이가 쏟아붓는 욕지거리와 폭력에도 별로 흥분하지 않고 대응하는 교감 선생님이 정말 대단합니다. 그렇지만 교감 선생님이 한 말은 상황을 나아지게 하는 데 크게 도움이 되지 않을뿐더러 훈육에 필요한 언어라고 할 수도 없습니다. 경찰을 부르라는 말은 오히려 아이를 자극하기도 합니다.

이럴 때 교사는 어떻게 해야 할까요? 제가 앞에서 공감을 먼저 해야 한다고 말했는데, 예외도 있습니다. 아이가 폭력적으로 행동할 때입니다. 이럴 때는 단호함이 먼저 필요합니다.

아이는 물리적 폭력과 언어적 폭력을 함께 행사합니다. 공동체에 깃들어 살면서 절대로 해서는 안 되는 행동이지요. 교사는 한 치도 물러서지 않고 단호하게 말할 수 있어야 합니다. 단순합니다.

"욕하면 안 돼. 때리면 안 돼."

고작 그 정도냐고 생각할 수도 있습니다. 그러나 흔들리지 않고 단호한 말 한마디는 생각보다 힘이 셉니다. 아이는 욕하면 안 된다는 사실을, 때리면 안 된다는 사실을 제대로 배우지 못했습니다. 가르쳐야 하고, 끊임없이 알려 줘야 합니다. 저렇게 말한다고 아이가 욕을 안 하지는 않을 겁니다. 그때 우리는 다시 한 번 말해야 합니다.

"욕하면 안 돼. 욕은 안 되는 거야."

물론 아이는 물러서지 않고 욕을 할 테고, 그때마다 우리는 더더욱 물러서지 않고 말해야 합니다.

"욕하면 안 돼."

아이가 때리기 시작할 때도 마찬가지입니다. 경찰을 부르라는, 아이를 자극하는 말 대신 다시 단호하게 말해야 합니다.

"때리면 안 되는 거야."

그렇다고 아이가 때리는 행동을 멈추지는 않을 겁니다. 그때마다 우리도 멈추지 말고 이야기해야 합니다.

"사람이 사람을 때리는 건 절대 안 되는 거야."

물러서지 않고, 흔들리지 않고.

말만으로 되지 않는

그런데 말만으로 될까요? 욕하지 말라는 말, 때리지 말라는 말만으로 될까요? 그렇지 않습니다. 하지 말라 하는데도 아이가 계속 욕하고 계속 때린다면, 하지 못하게 해야 합니다. 아동에게 욕할 자유나 때릴 자유를 허락해야 인권 보호라고 생각하는 사람은 없다고 믿습니다.

교감 선생님은 아쉽게도 아이가 하는 폭력적 행동을 적극적으로 제지하지 않습니다. 물론 왜 그러는지는 압니다. 아무리 법이 바뀐 상황이라도 판례가 충분히 쌓이지 않아서 잘못 손대면 아동 학대로 고소당할 수 있다는 두려움은 현실에서 힘을 발휘합니다. 그런 현실적 어려움에 충분히 공감하면서도 교감 선생님이 한 행동은 훈육하고는 거리가 있습니다.

어떻게 해야 할까요. 교사를 향해 팔을 휘두르는 아이의 두 손을 잡아야 합니다. 때리면 절대 안 된다는 말이랑 함께. 폭력을 행사하는 아이의 두 손을 잡는 행동을 너무 두려워할 필요는 없습니다. 더도 말고 덜도 말고 법에서 명시한 '정당한 학생생활지도'이기 때문입니다.

'정당한 학생 생활 지도'

교사들이 터트린 뜨거운 외침 덕분에 개정된 '교권 5법'의 하나인 초·중등교육법 제20조의 2를 살펴보겠습니다.

제20조의 2(학교의 장 및 교원의 학생생활지도) ① 학교의 장과 교원은 학생의 인권을 보호하고 교원의 교육활동을 위하여 필요한 경우에는 법령과 학칙으로 정하는 바에 따라 학생을 지도할 수 있다.
② 제1항에 따른 교원의 정당한 학생생활지도에 대해서는 「아동복지법」 제17조 제3호, 제5호 및 제6호의 금지행위 위반으로 보지 아니한다.

이 법에 따라 교사는 학생 생활 지도를 할 수 있으며 '정당한 학생 생활 지도'는 아동 학대 행위로 보지 않습니다(흔히 '면책'이라는 오염된 낱말로 잘못 표현된 바로 그것입니다). 이때 아동 학대 행위는 구체적으로 아동복지법 제17조 제3호, 제5호, 제6호에 들어맞는 행위를 가리킵니다.

> 3. 아동의 신체에 손상을 주거나 신체의 건강 및 발달을 해치는 신체적 학대 행위
> 5. 아동의 정신건강 및 발달에 해를 끼치는 정서적 학대 행위
> 6. 자신의 보호·감독을 받는 아동을 유기하거나 의식주를 포함한 기본적 보호·양육·치료 및 교육을 소홀히 하는 방임행위

그런데 사실 하나 마나 한 말입니다. '정당한' 학생 생활 지도가 어떻게 이런 학대 행위일 수 있겠습니까. '정당한'이라는 말에는 이미 '학대 행위가 수반되지 않은'이라는 뜻이 들어 있다고 봐야 합니다. 따라서 '정당한 학생 생활 지도'라는 말은 '학대 행위가 수반되지 않은 학생 생활 지도'라는 말이랑 똑같습니다(이런 점을 제대로 이해하지 못한 많은 학생 인권 근본주의자들이 던진 공허한 말들이 또 얼마나 의미 없게 나뒹굴었던가요).

여하튼 무작정 '정당한 학생 생활 지도'라 하면 조금 추상적인 느낌이 듭니다. 명확하게 할 필요는 있습니다. 그렇지 않다면 '정당한'이라는 말이 지닌 뜻을 오남용할 가능성도 충분할 테니까요. 그래서 나온 것이 바로 그 유명한, 탈도

많고 말도 많은 〈교원의 학생생활지도에 관한 고시〉입니다. 이 고시에 불완전한 부분이 너무 많기는 하지만 그래도 써먹을 수 있는 만큼은 써먹어야 합니다. 제12조(훈육) ④항을 보겠습니다.

> ④ 학교의 장과 교원은 자신 또는 타인의 생명·신체에 위해를 끼치거나 재산에 중대한 손해를 끼칠 우려가 있는 긴급한 경우 학생의 행위를 물리적으로 제지할 수 있다. 이 경우 학교의 장과 교원은 교직원에게 도움을 요청하거나 주변 학생에게 신고를 요청할 수 있다.

다시 앞 사건으로 돌아가 볼까요. 그 아이는 교감, 곧 타인의 신체에 위해를 끼쳤습니다. 또한 무단으로 이탈해 아직 보호받아야 할 어린 나이인 자기 자신에게 위해를 끼칠 가능성이 큽니다.

상황은 정말 명백합니다. 다른 이들을 위해서, 그리고 그 아이를 위해서 학교의 장과 교원은 물리적으로 그 아이를 제지해야 합니다. 폭력적 행동을 멈추게 하기 위해 손 하나 잡는 정도는 적어도 법적으로 보장된 행동입니다. 그런데 왜 우리는 아직도 아무런 행동을 하지 못하고 이토록 무기력할까요.

아이에게 덧붙여야 할 한 마디

조금 더 구체적으로 들어가 볼까요. 당연한 이야기이지만 우리는 폭력을 중단시키기 위해 아이 손을 잡을지언정 그 아이를 주먹으로 때리거나 발로 차거나 넘어트리면 안 됩니다. 그 순간 '정당한 학생 생활 지도'를 넘어서게 되니까요. 다만 아이가 누군가를 때리려 할 때 우리는 적극적으로 그러한 행동을 막을 수 있어야 합니다. 그리고 최대한 그 아이가 꼼짝할 수 없게 붙잡아야 합니다. 아슬아슬하죠? '꼼짝할 수 없게'라는 말이 참 걸리기는 합니다. 이때 우리는 아이에게 한 마디 덧붙여야 합니다. 화내지 않되 단호하게.

"다른 사람을 때리는 행동은 사람을 다치게 할 뿐만 아니라 너를 다치게 할 수도 있어. 우리 모두 안전해지기 위해서 잠시 너를 붙잡고 있을 거야. 네가 진정하면 놓아줄 거야. 진정할 때까지 기다릴 거야."

교사가 붙잡고 있는 이유를 아이에게 이야기해야 합니다. 네가 미워서 그런 게 아니라 우리가 모두 안전해지기 위해, 그리고 너를 위해 이렇게 한다는 이야기를. 아이는 죽을 듯 몸부림을 칠 겁니다. 그래도 흔들림 없이 단호하게 똑같이 이야기해야 합니다.

"우리 모두 안전해지기 위해서 잠시 너를 붙잡고 있을 거야. 네가 진정하면 놓아줄 거야."

그러고는 기다려야 합니다, 한 시간이건 두 시간이건.

인권 침해? 정당한 학생 생활 지도!

여기에서 바로 '분리 제도'가 필요하지요. 〈교원의 학생생활지도에 관한 고시〉 제12조(훈육) ⑥항은 다음 같습니다.

⑥ 학교의 장과 교원은 학생이 교육활동을 방해하여 다른 학생들의 학습권 보호가 필요하다고 판단하는 경우, 다음 각 호의 방법에 따라 해당 학생을 분리할 수 있다.

앞에서 이야기한, 제가 감당하지 못한 아이에게 저는 이렇게 말할 수 있어야 했어요.

"지금 하는 행동은 수업에 심하게 방해돼. 선생님이 셋을 셀 동안 조절해 주면 좋겠어. 조절이 힘들 수 있어. 조절이 힘들면 선생님이 도와줄 거야. 잠시 다른 곳에서 조절하고 올 수 있게 할 거야."

화내지 않고 단호하게 이야기해야 합니다. 셋을 센 뒤에도 조절이 안 되면(또는 교실 내 다른 장소로 분리 조치를 해도 조절이 안 되면) 아이를 교감 선생님(또는 다른 선생님)

께 인계합니다. 교감 선생님이 하는 말을 무시하고 움직이지 않으면요? 그러면 보호자에게 연락해야지요. 지금 아이가 수업할 수 없는 상황이니 데려가서 가정 학습을 부탁드린다고 이야기해야지요. 이런 내용도 교육부 고시에 다 들어 있습니다. 제12조(훈육) ⑦항입니다.

⑦ 학교의 장은 제6항 제3호 및 제4호에 따른 분리를 거부하거나 1일 2회 이상 분리를 시행하였음에도 학생이 지속해서 교육활동을 방해하여 다른 학생들의 학습권 보호가 필요하다고 판단하는 경우, 보호자에게 학생인계를 요청하여 가정학습을 하게 할 수 있다.

몇몇 학생 인권 옹호자들은 이런 내용을 학생 인권 침해라는 시각에서 바라봅니다. 권한이 남용될 수 있고 학생 권리가 부당하게 침해될 수 있다고요. 저는 그런 논리가 지나치다고 생각하지만 그렇게 볼 수도 있다는 점은 인정합니다. 그러나 교사가 권한을 남용할 수 있다는 발상에서 저는 교사를 믿지 못하겠다는 의지를 읽습니다.

과연 지금 우리 교사들이 그러한 권한을 얼마나 남용할까요. 고시가 나오고 일 년이 넘은 지금 그렇게 권한을 남용한 사례가 얼마나 있나요. 교육부 고시에 담긴 내용을 제대로 적용한 사례는 많지 않습니다. 저도 한 번도 못 봤습니다. 교사는 되도록 교실 안에서 해결하려 하지 일을 크게 벌이고 싶어하지 않습니다. 또 무슨 흉한 일을 당하려고요.

학생 권리가 침해된다고요? 문제 행동을 보인 학생이 지닌 권리가 중요한 만큼 다른 학생들이 지닌 권리도 중요합니다. 이 학생 인권 옹호자, 아니 학생 인권 근본주의자들은 다른 학생들이 지닌 권리에 관해서는 아무런 대답을 못 합니다. 다른 학생들이 지닌 권리, 방해받지 않고 수업받을 권리는 보이지 않는 걸까요?

물론 문제 행동을 보인 학생이 지닌 권리도 당연히 지켜야 합니다. 문제 행동을 보인다고 해서 기본적 인권을 무시하면 안 됩니다. 그런데 문제 행동을 보인 학생을 무슨 쌍팔년도처럼 체벌하겠다는 말도 아니고 교무실로 보내 벌세우겠다는 말도 아닙니다.

다만 스스로 공부할 수 있는 상태가 될 때까지 잠시 분리해 놓겠다는 뜻입니다. 당장 감정을 조절하지 못해 괴성을 지르고 교실을 난장판으로 만드는 상황인데, 다른 학생들이 학습할 권리는 제쳐 두더라도 자기 자신이 지닌 학습할 권리는 지킬 수 있을까요? 그 학생이 지닌 학습할 권리를 보장하기 위해서라도 오히려 분리해야 하지 않을까요? 자기 자신이 조절할 수 있도록 기다리고, 다시 공부할 수 있는 상태가 되면 교실에 들어와 함께 공부해야 맞습니다.

그리고 그 아이 자신도 '내가 이렇게 문제 행동을 보여도 아무도 나를 제지하지 못하는구나'가 아니라 '아, 내가 이렇게 문제 행동을 보이면 누군가는 못 하게 하는구나' 하고 느낄 수 있어야 합니다. '인권'이라는 이름으로 문제 행동을 문제 삼지 않는 방식이 정말 '인권'을 위하는 길인지 '인권 근본주의자'들은 성찰해야 합니다.

그 아이는 왜 그렇게 됐을까

쓰다 보니 할 말이 많아 글이 길어졌습니다. 이제 마칠까 싶지만, 하고 싶은 말이 더 있기는 합니다. 먼저 교사들 또한 호통치는 방식에서 벗어나 친절하며 단호한 태도를 연습하고 현실에 적용해야 합니다.

감정을 빼고 단호하게 말하려면 사실 말하는 법을 배우고 연습도 해야 합니다. 그냥 되지는 않거든요. 국가 차원에서 분리 제도에 연계해 교사가 써야 하는 언어를 매뉴얼로 만들어야 합니다. 교사 양성 단계에서도 이 부분을 중점적으로 다루어야 한다는 사실은 더 강조할 필요가 없고요.

그러려면 먼저 법을 탄탄히 만들어야겠지요. 법이 뒷받침되지 않는다면 친절하며 단호한 생활 지도도 한계가 있을 수밖에 없습니다. 지금은 '고시' 수준에서 뒷받침되고 있을 뿐인데, 더 상위법인 '법률' 수준에서 뒷받침 될 필요가 있습니다. 그래서 교사 출신인 백승아 의원이 발의한 '서이초 특별법'이 중요한데, 여기저기에서 공격받아 안타깝습니다.

또한 근본적으로는 더 큰 사회 문제를 함께 살필 수 있어야 합니다. '교감 뺨 때린 아이' 사례는 아이 하나를 악마로 만든다고 해서 문제가 해결되지 않습니다. 문제 행동을 보인 아이를 '분리'하고 '물리적 제지'를 하는 일 못지않게 그 아이가 그런 문제 행동을 하는 이유도 알아야 합니다. 《에스비에스(SBS)》에서 방영한 〈궁금한 이야기 Y〉(2024년 6월 24일)를 보면 그 아이가 지닌 문제는 그대로 보호자가 지닌 문제입니다. 가정 환경이 문제입니다. 더 깊게 파고들면 '계급' 문제일 수도 있고 '내 새끼 지상주의' 문제일 수도 있습니다. 우리 사회가 왜 이렇게 되었을까요. 그러한 문제들을 성찰하지 못하는 훈육과 생활 지도는 반쪽일 수밖에 없습니다.

글이 너무 길어졌습니다. 제가 꿈꾸는 교사상, 제 롤 모델은 다음 기회에 이야기할 수밖에 없겠어요. 서이초 1주기를 지나 폭염이 끝을 달리고 있습니다. 건강 조심해요, 형.

다음 편지 기다릴게요.

나를 있는 그대로 사랑하는 법을 아시나요?

보낸사람 권이근

받는사람 곽노근

2024년 9월 7일 (토)

노근 선생님, 지금 여기는 바람이 불고 있어요. 계절이 바뀌고 있다고 알려 주는 시원한 바람이 불어요. 여전히 그곳은 폭염 끝자락을 놓지 못하고 있다고 들었어요. 기상 관측 역사상 가장 오래 이어진 열대의 밤을, 선생님은 어떻게 보내시는지 걱정스러웠습니다.

기쁜 소식

지독한 열기가 이어지는 와중에도 제가 그토록 기다리고 기다리던 소식을 전해 들었지요. 참으로 축하하고 또 축하합니다. 드디어 사모님께서 새 생명을 잉태하신 소식은 축복이 아닐 수 없습니다. 자연이 늘 어김없이 때가 되면 태양 고도를 낮추거나 높이면서 지구의 생명력을 조절했듯이, 인간도 앞뒤 꽉 막힌 듯한 절망스러운 순간에도 새로운 희망을 품어 안으며 다시 일어서는 역사를 끊임없이 써 왔습니다.

이제 선생님도 그 역사의 새 주인공이 되셨어요. 그리고 '아빠'로서 신비로운 삶을 시작하게 되었습니다. 제가 만약 한국에 있다면 선생님이 계신 고양시까지 달려가 축하 자리를 마련할 텐데……. 이렇게 멀리 있어 들뜬 제 마음만 편지에 가득 담아 보냅니다.

권위주의

지금 쓰는 이 편지로 선생님과 제가 편지를 주고받은 횟수가 벌써 일곱 번에 접어들었어요. 편지를 읽고 선생님께서 왜 그토록 끈질기게 교직 전반에 걸친 권위주의 문화에 몰입하고 있는지 알게 되었습니다.

특별히 지난번 편지를 읽고 교사가 학생을 지도하는 방식과 개별 교실에 뿌리박힌 전체주의 문화(튀는 걸 곱게 보지 않는 시선)에 도도하게 흐르는 권위주의를 타파하기 위해 얼마나 고민하시는지도 절실히 느꼈어요.

초등학교 3학년이 교감 선생님 뺨을 때린 사건을 집요하게 꿰뚫는 시선이 저에게는 아름답게 보이기도 했습니다. 우리가 권위주의에 기대지 않고 문제 행동 학생을 지도하기 위해 견지해야 할 자세와 관련 법에 따른 정당한 학생 생활 지도의 전형을 제시하고 있다는 생각이 들 정도였어요.

더불어 서이초 사건 이후 개정된 관련 법률과 현재 진행 중인 '서이초 특별법' 관련 이야기는 우리 교사들이 반드시 숙지해야 하고 깊이 관심을 기울여야 하는 중요한 사안이라는 점을 일깨워 주셨습니다.

물론 교감 선생님 뺨을 때린 3학년 아이를 물리적으로 제지하는 장면은 같은 교사라도 다양한 처지에 따라 여러 관점으로 생각할 수 있을 듯해요. 법률이 보장하는 안전장치가 아직 완벽하지 못한 상황에서 뺨을 때리는 아이를 붙잡으려고 나서는 교사가 있을지 의문스럽기도 하고요. 저라면 법률이 보장하든 말든 당연히 팔을 잡아 제지할 테지만요. 선생님 말씀대로 타인 신체에 위해를 가하는 폭력은 어떤 이유든 받아들이면 안 되니까요..

그렇지만 이런 저도 아이들에게 큰소리로 호통을 치거나 문제 행동을 하는 학생을 제지하느라 물리적 접촉이 발생하는 날에는 밤에 쉽게 잠들지 못합니다(저는 아직도 권위주의 방식을 완전히 버리지 못하고 있어 선생님 앞에 서기가 부끄럽습니다). 선생님이 답장 마지막에 쓰신 대로 문제 행동 학생의 뿌리는 온전히 가정 문제에 있고, 나아가 우리 사회의 문제 그 자체이기 때문입니다.

우리 어른들이 저지른 잘못 때문에 아이들이 흔들리고 있다고 생각하면 가슴에 구멍이 난 듯 생기가 빠져나가는 기분에 젖습니다. 이제 아이를 낳게 되면 선생님도 이 기분을 절절히 느끼게 되실 테지요.

그래서 저는 이 아이들에게 제 모든 관심을 집중하고 있어요. 제가 생각할 때 남은 교직에서 제가 할 몫이 있다면 '이 아이들을 어떻게 희망의 길로 손잡아 이끌까'입니다. 이 문제에 관련된 내용은 조금 뒤에 더 자세히 쓸게요.

화술

선생님도 아시듯이 저는 '전국교사연극모임'에서 주관하는 교사 연극 연수에 10년 넘도록 참여했어요. 그런 인연으로 제가 사는 지역에 있는 전문 극단에 객원 배우로 참여해 대한민국연극제 본선에서 대극장 무대에 서는 소중한 경험도 했지요.

그런데 연극이 종합 예술로서 학생의 창의력과 상상력을 발달시키고 협동 활동을 통해 의사소통 능력을 기르는 효과적인 교육 활동이라는 점 말고도 저를 완전히 사로잡은 특징이 하나 있습니다. 바로 연극배우에게 아주 중요하게 인식되는 '화술'입니다.

대한민국연극제 본선에 오른 작품에서 주제를 대변하는 인물이 물질에 눈이 먼 등장인물에게 근엄하게 누르는 대사를 쳐야 하는데 계속 화를 내는 투여서 예술 감독을 맡은 이원기 교수님이 자꾸만 지적하셨어요(지금은 돌아가셨지만, 그때 청운대학교 방송연기과 학과장 이원기 교수님은 제가 중앙대학교 문예창작학과 시절 희곡론을 강의한 분이셨어요. 20년 세월이 흐른 뒤 새로운 장소에서 다시 뵙게 되어 얼마나 반갑고 놀랐는지요. 정말 죄짓고는 못 사는 세상입니다). 교수님께서는 이렇게 말씀하셨지요.

"배우는 철저한 대본 분석과 대사 분석을 통해 상황에 가장 적확한 대사를 쳐야만 합니다. 그러기 위해서는 상대방의 대사를 정말 잘 들어야만 해요. 내 대사만 생각하는 게 아니라 상대방의 대사를 잘 들어야만 지금 내 앞에 있는 상대의 상태를 정확히 인식해서 상황에 맞는 적확한 느낌의 대사를 내뱉을 수 있습니다."

아, 그때 저는 새 세계가 또 하나 열리는 느낌을 받았답니다. 한 반에 열 명도 채 안 되는 면 단위 작은 학교에 있다가 한 반에 30명이 넘는 읍내 큰 학교로 옮겨 연일 '샤우팅'을 하느라 목에서 쇳소리가 나는 시절이었어요. 그때부터 '화내기 대 엄하기'가 제 교직 생활에서 화두로 다가왔습니다. 분명히 안 되는 일이 무엇인지 엄정하게 가르치지 않고 무조건 화만 낸 저를 개안시키는 사건이었지요.

매일 밤 12시나 1시까지 공연을 연습하고 피곤한 몸으로 출근하면서도 화술을 연습하느라 아이들 말을 열심히 잘 듣고 근엄한 목소리로 상황을 정리하는 제 모습을 보며 희열을 느끼기도 했어요. '친절하며 단호한' 태도는 연습해야 하고 교사가 쓰는 언어를 매뉴얼로 만들어 예비 교사들도 숙지해야 한다는 구절을 읽고 저는 곧바로 화술이 떠올랐답니다! 그런 저도 아동 학대로 신고당한 현실을 보면 아직도 훈련이 필요한가 봐요. 마치 연극 한 편을 무대에 올리려고 수백 수천 번 연습하는 배우처럼 말입니다!

참, 그리고 너무 신경 쓰지 마세요. 사실 제가 겪은 일은 다른 선생님들에 견주면 아무것도 아니니까요. 심리적 위축감이 완전히 사라지지 않아서 관련 뉴스를 접할 때마다 가슴이 울렁울렁하기는 하지만……견딜 만해요. 다만 철저히 홀로 고립된 섬 같은 존재가 된 느낌은 지금 생각해도 치가 떨립니다.

지금 누리고 있는 자율연수 휴직 기간이 끝나고 복직하면 저 같은 처지에 놓인 선생님들이 혼자서 힘든 시간을 보내지 않도록 옆에서 손잡아 주는 동료가 되리라 다짐하고 또 다짐해 봐요. 특별한 사명감을 내세우지 않아도, 보잘것없고 내세울 것 없는 평범한 우리가 동료를 위해 할 수 있는 가장 위대한 일이니까요.

계급 사회와 공교육이 할 일

'개근 거지', 3월에 보낸 편지에 제가 쓴 낱말입니다. 선생님도 들어보셨겠지요? 양극화를 저렇게 잘 드러낸 말이 있을까 싶어요. 사실 저는 저 말을 처음 듣고 '엄청나게 가까운 거리에 있는 집'이라고 이해했답니다. 대한민국은 '개근 거지'라는 무지막지한 낱말을 상대를 비하하기 위해 아무렇지도 않게 사용하는 (몇몇 몰상식한) 어른들이 사는 나라입니다.

억지라면서 고개를 흔드는 사람이 있을지 모르겠지만, 저 낱말은 한국이 계급 사회라는 현실을 보여 준다고 저는 생각합니다. 우리가 불평등한 세상에서 살아가고 있다는 사실을 인정해야 한다는 의미지요. 전근대 사회처럼 드러내 놓고 계급을 나누지는 않지만 철저하게 부(자본)를 기준으로 우월한 지위를 과시하는 세상이 우리가 사는 현실 세계입니다. 각종 '수저론'이 이미 이러한 현실을 대변한 지 꽤 오래되었지요.

자, 이런 세상에서 끊임없이 상위 계급에 진입하려 애쓰는 사람들, 반대로 우월한 지위를 독점하려 자기보다 부족한 존재들을 끊임없이 깎아내리는 사람들, 이도 저도 아닌 변두리에서 홀로 제 살 파먹으며 서서히 미쳐 가는 사람들이 아귀다툼을 벌이는 한국 사회가 진짜 우리가 살고 싶은 세상일까요?

선생님 지적대로 이러한 문제를 성찰하지 않으면 학교 교육을 비롯한 학생 훈육과 생활 지도는 철저히 반쪽일 수밖에 없습니다. 나아가 진정으로 우리가 살고 싶은 세상에 관련해 많은 사람이 동의하는 새로운 전망이 없다면 어떤 저출산 대책도 근본적인 한계를 지닐 수밖에 없다고 저는 생각합니다.

선생님은 어떤 세상에서 아이를 키우고 싶으세요? 이 질문은 선생님이 품은 이상적 교사상이나 교사 롤 모델이 궁금해지는 이유하고도 연결됩니다. 왜냐하면 우리가 지금 쓰는 '비판'의 끝에는 '대안'이 있어야 하니까요. 바닥을 치고 난 뒤에는 새로운 하늘을 향해 날아올라야 하니까요.

한국 사회와 우리들의 학교는 모두 '더불어 함께' 행복한 세상을 꿈꾸지 못한 채 여전히 남보다 조금이라도 우월해지려 오늘도 잠을 줄이며 일과 공부에 매달리고, 가족까지 외면하면서 성과를 내기 위해 한 방향으로 달리고 있어요.

그 광란의 질주에서 허우적대고 있는 어른들이 만드는 어그러지고 왜곡된 환경은 고스란히 아이들에게 이어집니다. 오늘의 학교에서 우리 교사들이 만나게 되는 '문제 행동 학생'이 그렇게 탄생하겠지요(아, '무기력 교사의 탄생'과 '문제 행동 학생의 탄생'이 함께 연출하는 케미여! 대한민국 학교의 디스토피아여!).

저는 공교육에 맡겨진 마지막 책무가 최후의 사회 안전망이어야 한다고 생각합니다. 그래서 저는 신규 시절부터 지금까지 온 마음을 다해 조금 더 관심이 필요한 아이들을 사랑하려 했습니다. 사실 저는 흔히들 말하는 '문제아'를 더 사랑했어요. 모범생 아이들은 굳이 제가 아니어도 훌륭하고 풍족한 부모님들께서 때마다 아이 성장을 위해 물과 거름을 주시기 때문이지요(고등학생 제 딸은 아빠는 차별주의자라고 늘 주장하지만 제 뜻을 굽히기 힘드네요). 그렇지만 조손 가정 아이들, 다문화 가정 아이들, 한부모 가정 아이들, 가정 불화로 힘든 아이들, 입양 가정 아이들, 특별한 발달 장애가 있는 아이들에게 저의 관심과 사랑은 절대적으로 필요한 응원가가 아닐 수 없습니다.

저는 가르치기 힘들기는 하지만 문제 행동 학생을 도무지 미워할 수가 없어요. 매번 읍내 큰 학교를 이야기하게 되는데, 2월에 제비뽑기로 새 학급을 배정했습니다. 그때마다 지도하기 힘든 아이가 있는 반을 뽑은 교사들은 절망했지요. 그러면 제가 그 반을 맡겠다고 늘 자청했습니다. 그런 자세가 공교육 교사가 지닌 가장 중요한 책무라고 생각하기 때문이었지요.

그렇지만 교육은 공장에서 제품을 만들 때처럼 투입과 산

줄이 곧장 드러나지 않습니다. 교사라는 직업이 힘들고 쉽게 지치기 때문에 아이들이랑 접촉을 줄이고 싶은 많은 교사가 관리자가 되려 한다는 말도 틀리지는 않을 겁니다.

저도 담임 교사가 되어 '문제 행동 학생'을 가르친 시간 동안 큰 변화를 이끌지 못한 때가 더 많았습니다. 그렇지만 저는 포기하지 않았습니다. 졸업한 뒤에도 1년에 한 번이라도 꼭 연락해서 밥을 같이 먹으며 성장하는 아이들을 응원했어요. 시골이라서 제가 이렇게 지속적인 관심을 유지할 수 있었겠지요. 시골은 조선 시대 궁궐처럼 정말 사방이 '눈'입니다. 그만큼 지역 사회가 좁다는 의미겠지요.

그런데 정말 신비롭습니다. 하나같이 다른 학부모들한테 항의성 민원을 받던 아이들이 전혀 다른 모습으로 컸거든요. 특별히 기억에 남는 한 아이가 있습니다. 한부모 가정 아이였는데, 3학년 때 학급 절도 사건의 주인공이 되어 큰 갈등을 일으켰지요. 그러던 아이가 중학교에 들어가 격투기 선수를 하더니 메달을 따서 운동선수로 고등학교에 진학했고, 경찰관을 꿈꾸는 건강한 청소년으로 성장했습니다.

추억의 힘

어떤 선생님은 문제 행동 학생을 특별히 지도하는 비법

이 있느냐고 제게 물어보기도 했어요. 경기도에서 충청남도로 와서 처음 근무한 학교에서는 '6학년 스페셜리스트'로 불리기도 했지요. 그렇지만 비법 같은 것은 없었습니다. 있다면 '추억의 힘'입니다.

바로 지난 편지에서 말씀드린 저의 롤 모델인 초등학교 6학년 때 담임 선생님이 물려주신 위대한 유산, '추억'이 비법이라면 비법입니다. 제 스승님은 갑자기 특별한 날을 자기 마음대로 아무렇게나 만들어서 학급 아이들을 데리고 산에 가서 라면을 끓여 먹거나, 스케이트장에 가거나, 낚시터에 데리고 가서 행복한 추억을 많이 만들어 주셨어요. 저도 사는 동안 힘든 순간을 만났어요. 그럴 때마다 초등학교 6학년 때 쌓은 추억이 버티는 힘을 주었어요. 어떤 특정한 사건이 품은 강렬한 힘이 아니라 작은 추억들이 쉽지 않은 삶의 여정에 기적 같은 행복이 숨어 있다는 신념을 만들어 준다고 믿어요. 그래서 저는 버티기 힘든 순간이 찾아오면 제가 지어낸 노랫말을 흥얼대며 하늘을 올려다보면서 햇볕을 느끼려 해요.

'얼어붙은 땅이 서서히 녹아 풀리게 되면/ 연두 두두 둥둥, 봄빛 장단에 춤출 거야.'

그러니까 아이들에게 행복한 기억을 최대한 많이 만들어 주는 겁니다. 제 사비를 털어서 주말에 유행하는 영화도 보러 다니고, 산에 가서 컵라면도 먹고, 찜질방에 가서 구운 달걀도 함께 까먹는 거지요.

학교 수업 과정에서는 잘 따라오지 못하거나 흥미를 보이지 않는 아이가 있으면 그 아이가 관심을 보일 만한 활동이나 주제로 그때그때 갑자기 바꿔 버립니다(물론 매번 그렇게 할 수는 없지만요). 그렇게 해서 재미있게 몰입한 기억을, 그래서 신난 기억을 되도록 많이 만들어서 그 아이가 긍정적 자아를 만들어 갈 수 있게 노력했답니다(이런 방식은 제 딸이 지적하듯 다른 아이들에게는 역차별이 될 수도 있겠지요). 그렇게 만들어진 긍정적 자존감은 반드시 아이들을 다시 일으켜 세우는 든든한 지렛대가 된다고 저는 확신해요.

2024년 파리 올림픽에서 사격 부분 금메달을 딴 어린 선수들 인터뷰를 봐도 알 수 있잖아요. 금메달을 목표로 지옥 훈련을 하는 대신에 좋아하는 사격을 마음껏 즐기면서 몰입하다 보니 자연스럽게 좋은 결과를 얻었다잖아요.

덴마크는 국가 경쟁력이 전세계 1위라고 합니다. 덴마크 사람들은 오후 네 시만 되면 퇴근한다고 해요. 노동 시간이 짧은데도 생산성이 높을 수 있는 비결은 '하고 싶은 일을 하게 해라'라고 합니다. 한국이 출산율 최하위라는 비정상 상황을 극복할 대안도 바로 여기에 있다고 저는 생각합니다.

다양성이 세상 곳곳에서 꽃피울 수 있도록, 아이들이 자연스럽게 지닌 생명력이 극대화될 수 있도록, 자기만의 행복을 꿈꿀 수 있도록, 자기가 좋아하는 일을 마음껏 펼쳐 나갈 수 있는 환경을 만들면 됩니다.

어쩌면 우리 사회의 문제도, 우리 학교의 문제도 이렇게 간단하게 해결할 수 있지 않을까요? 해결책이야 간단해도 세상을 통째로 바꿔야 하니 정말이지 쉽지는 않겠지요. 그렇지만 남이랑 비교해서 더 돋보이고 싶고 우월해지려는 무한 욕망만 내려놓는다면 저는 충분히 가능하다고 생각해요.

자기가 진짜 하고 싶은 일을 찾아갈 수 있도록 우리 어른들이 앞장서서 인정하고 이끌면 되지 않을까요? 무조건 의대를 가야만 경제적 안정을 누리고 존경받는 사회는 분명히 정상이 아니니까요.

나를 있는 그대로 온전히 받아들이고 사랑하는 모습을 어른들이 먼저 실천하기가 왜 이토록 힘들까요? 타인이 던지는 '좋아요' 숫자에 나의 행복을 더는 기대지 않고 나답게 사는 삶이 왜 이토록 힘든 걸까요?

비바리움

혹시 〈비바리움〉이라는 영화를 보셨는지요. 비바리움(Vivarium)은 원래 '관찰이나 연구를 목적으로 동물과 식

물을 가두어 사육하는 공간'이라고 합니다. 영화를 보면 똑같은 디자인에 똑같은 색깔을 한 주택이 단지를 형성하며 끊임없이 이어지는 기이한 공간이 등장해요. 그리고 이곳에서 주인공 부부는 이해할 수 없는 사건들을 마주하게 됩니다.

영화를 보는 내내 영화 속 공간이 마치 대한민국과 '우리들의 학교'를 떠올리게 해서 섬뜩했어요. 다양성이라는 가치를 인정하지 않고, 다름과 차이를 받아들이지 않고, 타인의 시선에 내 삶의 기준을 맞춰야만 사람답게 산다고 착각하게 해서 이해할 수 없는 사건과 사고가 넘치는 곳이 오늘의 대한민국이고 '우리들의 학교'가 아닌지…….

이곳의 지금은 귀뚜라미 한두 마리가 간헐적으로 우는 이국의 가을밤입니다. 가을밤 그곳의 시골집에서는 귀뚜라미 울음이 폭죽처럼 터져 울려 퍼졌지요.

어떤 세상에서 아이를 키우고 싶으세요?

보낸사람 곽노근

받는사람 권이근

2024년 10월 2일 (수)

형 편지에 실려 온 축하의 말, 정말 고마워요. 저와 아내에게 아이가 생겼어요. 형 말대로 새 생명은 그 자체로 축복이에요. 이토록 기쁜 소식이 현실에서는 처절한 입덧으로 잠시 묻히기도 했지만, 시간이 지나가 잠잠해지니 다시 새 생명에 마음을 기울이게 되었어요. 아직 얼떨떨하지만, 이 아이를 위해 우리가 할 수 있는 한 최선을 다해 어루만질 거예요.

기쁜 소식, 우울한 현실, 그러나 희망

그렇지만 걱정도 함께 우리를 덮쳐요. 이 우울하고 어두운 세상에 새 생명을 밖으로 내보내는 게 맞는 건가 하는 생각 때문에요. 지금 여기, 대한민국은 아이가 살 만한 세상인가 하고 다시금 진지하게 생각해 봐요.

형 글을 보니 살 만한 세상이 아닌 듯해요. 보이지 않는 계급이 우리를 둘러싸고 있어요. 치열한 경쟁 사회에서 내

뜻을 펼치기란 여간 힘든 일이 아니에요. 복지 제도가 아주 잘 되어 있지도 않아서 능력 없으면 굶어 죽기 딱 좋아요. 아등바등 어떻게든 살아야 해요. 무엇보다 사람들 시선이 따가워요. 가난하다고, 피부색이 다르다고, 장애인이라고, 한부모 가정이라고 업신여겨요. 쉽게 동정해서 불쌍한 사람으로 만들어요.

그런데 때로는 그런 진단이 지나치다는 생각도 들어요. 지금까지 살아오면서 그렇게 팍팍하지만은 않았거든요. 제 둘레 사람들을 봐도, 얼굴 찌푸리게 하는 사람도 물론 있지만 참 좋고 선한 사람이 대부분인걸요. 사회복지가 매우 아쉽지만, 그래도 한국만큼 의료 체계를 그런대로 갖춘 나라도 많지 않고요. 한국처럼 문맹률이 낮고 문해력 수준이 뛰어난 나라도 찾기 힘들어요. 자꾸 젊은 세대가 문해력이 떨어진다고들 하는데, 경제협력개발기구(OECD) 국가들에 비교해도 문해력이 높은 편이에요. 게다가 젊은 세대 문해력이 노년 세대 문해력보다 더 높은걸요(국제학업성취도평가 2022년도 결과, 교육부가 2023년 시행한 제4차 성인문해능력 조사 결과 참고).

그래서 저는 희망도 함께 봐요.

내 능력은 나의 것이 아니다

어떤 세상에서 아이를 키우고 싶냐고 물으셨죠? 제가 꿈꾸는 세상이 어떤지를요. 꿈꾸는 세상이라니, 뭔가 거창하네요. 좀 더 건조하게 이야기해 볼까요?

저는 극단이 싫어요. 개인의 자유만 중시하는, 그리하여 개인의 능력이 모든 것을 말해 준다는 미국식 자유주의가, 자본주의가 싫어요. 개인에게 자유를 주면, 그래서 자유 속에서 개인이 노력한 만큼 능력이 펼쳐지면 그 능력만큼 보상하는 방식이 공정하다고 믿는 생각에 동의할 수 없어요.

어느 한 개인이 지닌 능력은 정말 온전히 스스로 노력해 일군 결과일까요? 맞아요. 노력을 부정할 수는 없어요. 시험 잘 보려고 밤잠 줄이며 피 터지게 공부한 나보다 슬렁슬렁 제대로 공부 안 하고 게임 하거나 자거나 논 아이들이 시험을 못 보는 결과는 당연해요. 노력한 만큼 좋은 결과를 얻어야죠.

그런데 한 걸음 더 들어가서 아이들 삶을 자세히 들여다보면 우리는 쉽게 그렇게 말하지 못 할 수도 있어요. 어릴 때부터 풍요로운 집안에서 부족함 없이 자란 ㄱ은 공부가 그리 어렵지 않아요. 물론 쉽지도 않지만 어릴 때부터 부모랑 함께 책을 읽은 ㄱ은 자리에 앉아 책을 읽고 공부하는 삶이

익숙해요. 물론 이 아이들도 힘들게 매일 억지로 학원 가야 해요. 스트레스도 받아요. 그렇지만 어릴 때부터 이렇게 자란 ㄱ은 그럭저럭 할 만해요. 버틸 만해요. 엉덩이를 붙이고 공부하는 방식을 어느새 학습했거든요. 꾸역꾸역 열심히 해요. 열심히 한 ㄱ은 성적이 그런대로 좋아요.

반면 ㄴ는 풍족하지 않아요. 부모님이 같이 사업을 하다 망했어요. 매일 부모님들 싸우는 소리로 하루를 시작하고 하루를 끝맺어요. 돈이 없어 학원은 꿈도 꾸지 못해요. 학교에서는 부모님 싸우는 소리가 귀에 맴돌고, 학교가 끝나면 부모님 싸우는 소리가 듣기 싫어 거리를 배회해요. ㄴ이 공부하지 못하는 건, 그래서 시험을 잘 보지 못하는 건 어찌 보면 당연하지 않을까요?

피에르 부르디외, 아비투스, 문화 자본 따위 말들을 꺼내지 않더라도 우리는 모두 이 사실을 잘 알고 있어요. 개인 능력이 높고 낮음은 온전히 개인 책임이 아니라는 사실을. 부모가 지닌 경제적 능력과 사회문화적 자본이 가장 크게 작동한다는 현실을.

이런 사회에서는 부모가 지닌 경제적 능력이 자녀에게 대물림되기 딱 좋아요. 공부를 잘하는 ㄱ은 좋은 대학을 가고, 좋은 직장에 취업하고, 돈을 많이 벌 테니까요. 공부를 잘 못하는 ㄴ은 대학은 아예 꿈도 못 꿀지도 모르고, 좋은 직장은

커녕 변변한 직업을 구하지도 못해 일용직 노동자로 살아가거나 아예 나쁜 길로 빠질 수도 있겠죠.

이런 사회가 바람직한가요? 어쩔 수 없다고 할지라도 우리가 나아가야 할 방향이라고는 볼 수 없어요. 저는 이런 사회를 꿈꿀 수 없어요.

내가 꿈꾸는 세상

그렇다고 저런 '계급 사회'가 문제라며 모든 차이를 없애 버리려 하는 극단적이고 기계적인 '평등 사회'도 매한가지로 싫어요. 구성원 사이의 경제적 차이를 없앤다며 모든 사유 재산을 몰수해 국가가 관리하고 나누어 주는 사회는 더 끔찍해요.

꽤나 이상적인 이념을 현실에 구현하려 한 시도 자체는 어쩌면 긍정적이라고 봐야 할지도 몰라요. 그러나 결과는 끔찍했지요. 이른바 '현실 사회주의' 국가들은 숭고한 이념을 내세우면서도 극단적으로 한쪽에 치우친 까닭에 몰락하거나 껍데기만 남았어요. 소련이 그랬고, 북한이 그랬고, 중국이 그랬어요. 사람들 사이에 있는 차이를 인정하지 않아 개인은 깡그리 무시되었지요. 그리하여 다양성이라고는 일절 없는 전체주의 사회가 되었어요.

시작은 사람을 살리자는 의도였는데, 결과는 숱한 사람이 목숨을 잃었지요. 이오시프 스탈린과 마오쩌둥과 김일성은 얼마나 많은 사람을 죽였을까요. 게다가 자기가 믿은 이념을 스스로 철저히 짓밟은 이들은 평등한 세상에 살지도 않았어요. 특권에 휩싸여 누릴 것을 다 누리다 갔죠.

그럼 저는 어떤 사회를 꿈꾸는 걸까요. 글쎄요. 너무 뻔한 대답이고 전혀 창의적이지도 않지만, 불완전하지만 그나마 평등이라는 가치도 지키면서 개인의 자유도 보장하는 나라들이 있기는 해요. 이른바 '사회민주주의'를 내세운 서유럽과 북유럽 국가들이에요.

적어도 그런 나라들은 내가 돈을 못 벌거나 돈이 없다고 해서 기본적인 의식주를 해결하지 못한다거나, 아파도 치료를 못 받는다거나, 배우고 싶은데 못 배우지는 않지요. 두터운 사회 보장 체제 덕분에 교육과 의료가 무료이고 각종 사회 수당과 연금을 받아 기본적인 생활은 할 수 있게 해 주니까요. 게다가 자유는 넘칠 만큼 있어요. 도덕적 엄숙주의가 짓누르는 대한민국에 견줘 문화적으로 무척 자유로워요. 성역도 훨씬 적고 그런 만큼 다채로워요.

자유와 평등이 그런대로 조화롭게 섞인 사민주의 복지국가이지만 이 체제가 최선인지는 모르겠어요. 아직 여러 문제가 남아 있어요. 제가 직접 여행하면서 본 몇몇 나라는 길거리에 노숙인이 넘쳐 났거든요. 그렇게 사회복지가 잘 돼 있다는 나라에서요. 그렇다고는 해도 자본주의와 공산주의를 배신한 이들이 나름의 타협책으로 만든 이 체제는 지금 우리가 따라가야 할 롤 모델이 아닌지 싶어요. 물론 거기에서 멈추지 말고 더 좋은 대안을, 더 좋은 세상을 만들어 나가야겠지요.

이 나라들에서 지금 같은 체제가 그냥 뚝딱 만들어지지는 않았어요. 지배 계급 처지에서는 말 잘 듣는 노동자와 시민이 좋아요. 그래서 끊임없이 노동자와 시민을 길들이려 했어요. 그리고 함께하지 못하게 했지요. 뿔뿔이 흩어지게 해서 고립된 개인으로 만들려 했어요. 그럴 때마다 노동자와 시민은 뭉치고 연대했어요. 내 일이 아니어도 내 일처럼 생각하고, 파업 때문에 일상이 불편해도 불평을 줄이고 지지했어요. 함께했지요. '더불어 함께' 행복한 세상을 만들려고 느슨하나마 모두 노력했어요.

안 되는 것들

제가 꿈꾸는 세상을 우리 교실 상황에 적용해서 조금 더 풀어 쓰면 이래요.

먼저 힘센 이가 약한 이들을 괴롭히면 안 돼요. 그리고 약자라고 차별받으면 안 돼요. 힘센 아이가 약한 아이를 때리면 안 돼요. 잘산다고 못사는 친구를 무시하면 안 돼요. 공부 잘하고 똑똑하다고 해서 공부 못하고 느린 아이를 놀리면 안 돼요. 나에게 장애가 없다고 장애인 친구를 조롱하면 안 돼요.

다 자기가 잘나서 그런 게 아니거든요. 내가 공부를 잘하는 것도, 우리 집이 잘사는 것도, 나한테 장애가 없는 것도 다 내가 잘난 덕이 아니에요. 반대로 내가 공부를 못하는 것도, 우리 집이 못사는 것도, 나한테 장애가 있는 것도 다 내가 못난 탓이 아니에요. 그리고 그것 자체로 못난 것도 아니고요. 그렇지만 사회적 격차가 생기는 현실 자체는 어쩔 수 없어요. 이 격차를 어떻게 해야 할까요?

두 가지 방법

어쩔 수 없다고 해서 이 격차를 가만히 두면 아무것도 해결되지 않아요. 인간 역사는 격차가 벌어지는 순간 야만으로 돌변했어요. 많이 가진 사람이 적게 가진 사람을 억압하고 노예로 부리기 시작해요. 원시 공동체 사회에서는 뭐든 넉넉지 않으니까 똑같이 나누어 먹었어요. 힘이 약하다고, 여자라고, 아이라고 특별히 차별받지 않았어요.

그런데 청동기 시대에 접어들어 생산력이 빠르게 늘어나면서 많이 가진 자와 적게 가진 자가 나뉘기 시작하고 지배 계급과 피지배 계급이 생겨났지요. 온갖 차별과 폭력과 전쟁이 이어졌고요.

지금이라고 다른가요. 변형된 제국주의 전쟁은 여전히 현재 진행형이에요(러시아-우크라이나 전쟁, 이스라엘-팔레스타인 전쟁을 보세요!). 또한 직접적인 물리적 폭력은 많이 사라진 반면 계급 간 갈등은, 갈등에 따른 차별은, 차별에 따른 간접 폭력은 우리 사회에, 전세계에 만연하지요. 사회적 격차는 가만히 두면 인간 소외로 이어지기 마련이에요. 가지지 못한 자들은 상처받기 마련이에요. 여기서 우리는 사회적 격차 때문에 생기는 문제를 해결할 두 가지 방법을 생각할 수 있어요.

첫째, 당연하지만 격차를 줄여야 해요. 격차만 줄여도 세상은 훨씬 평화로워지겠지요. 그런데 현실 사회주의 국가들처럼 폭력적이고 전체주의적인 방식은 안 돼요. 민주적이지 않은 방식은 결국 실패한다는 사실을 역사는 보여 주고 있어요. 앞에서 이야기한 사민주의 방식이 살아남은 요인은 민주주의를 포기하지 않은 덕분이지요.

여하튼 시스템과 제도가 문제예요. 현실 격차를 무한정 뻥튀기하여 왜곡하는 문제를 제도로 끊임없이 땜질해야 해요. 소득 격차를 줄이는 세금 제도를 손질하는 방향이 가장 큰 축이라 하겠지만 사회 보장 제도를 정비하는 방식도 중요해요. 사회 보장 제도에는 교육 제도도 포함되지요.

여기서 교사 개인이 할 수 있는 일은 사실상 없을 거예요. 교사 개인은 거대한 시스템 앞에서 무기력하거든요. 우리는 따지고 보면 말단 공무원이잖아요. 어떤 정책에 영향을 끼칠 만한 위치가 아니에요. 교사로서 교육 정책과 제도에 영향을 끼치려면 교원 단체 또는 교원 노조에 가입하거나 개인적으로 교육 관련 시민단체에 들어가 활동해야 해요. 의미가 없지는 않겠지만 한계 또한 명확해요.

누구든 돈이 없어서 공부를 못 하는 일은 없어야 하지요. 그렇지만 현실에는 돈이 없어서 공부를 못 하는 사례도 드물지만 분명히 있어요. 초중고 시절에는 어마어마한 사교육비가 부담스러워 사교육을 받지 못하고 대학은 등록금이 부담돼 쉽게 들어가지 못하기도 하지요. 이 어려운 문제를 풀려면 사교육 시장과 대학 등록금을 건드려야 하는데, 교사 개인은 그 거대한 장벽 앞에서 너무도 초라해요.

둘째, 사회적 격차를 줄이지 않더라도 그 격차 자체가 사람의 격을 높이거나 낮추지 않는다는 사실을 사람들이 알게 하는 거예요. 달리 말해 '자존감'을 높여 줘야 해요. 생각해 보면 많은 돈이나 높은 사회적 지위가 반드시 그 사람의

됨됨이를 보장하지는 않아요. 일반적으로는 경제적으로 안정된 집안에서 자란 사람이 정서적으로도 안정된 사례가 많겠지만, 때로는 돈과 권력을 무기로 자기들보다 아래에 있다고 여기는 사람들에게 갑질을 하는 모습을 심심찮게 보지요. 반대로 자기 몸 하나 건사하기 힘든 사람이 다른 이들에게 도움의 손길을 내미는 일도 많고요.

우리가 진정 추구해야 할 목표는 다른 사람을 밟고 일어서서 많은 돈과 높은 지위를 얻는 삶일까요, 아니면 돈이나 지위에 상관없이 자기 스스로 이 세상에 우뚝 서서 어려움에 부닥친 이들을 도우며 더불어 함께 살아가는 삶일까요. 저는 두말할 나위 없이 뒤엣것이라고 생각해요.

어찌 보면 당연한데도 이런 말들은 때로 위험해요. '자존감 회복'을 강조하는 목소리는 본래 의도에 상관없이 문제를 개인에게 떠넘기는 결과를 초래하기도 하거든요. 사회적 격차 때문에 힘든 이들이 문제 원인을 자기 자신에게 돌리면서 자격지심과 열등감과 열패감 속에서 허우적댈 수도 있거든요.

사회적 모순을 개인적인 자존감 회복으로 극복하는 방식은 저 높은 곳에서 지배 계급을 웃음 짓게 할지도 몰라요. 현실에 엄연히 존재하는 모순은 해체되지 않고 더 공고해질지도 몰라요. 그러면 우리는 어떻게 해야 할까요?

저는 개인의 단단한 자존감은 여전히 필요하고 무엇보다도 중요하다고 생각해요. 돈이나 지위보다 서로 도우며 함께 살아가는 삶이 더 중요하다는 믿음을 굳게 가져야 하죠. 그러나 거기서 끝내면 안 된다고 생각해요. 한 걸음 더 나아가야만 해요. 단단한 자존감으로 무장해서 돈이나 지위를 이용해 사회적 소수자를 차별하고 억압하는 이들을 끌어내리는 거예요. 지금 현실이 옳지 않다고 생각한다면 옳지 않은 현실을 바꾸기 위해 끊임없이 저항해야 해요.

우리, 교사

여기서 우리, 교사는 비로소 힘을 얻을 수 있다고 생각해요. 거대한 제도와 체제의 벽 앞에서 무기력해질 수밖에 없던 우리는 이제 다시 힘을 내야 하고, 힘을 낼 수 있다고 생각해요.

무슨 말이냐 하면, 우리가 가르치는 아이들이 어른들 때문에 눈과 귀가 가려지려 할 때 우리 교사들이 그 아이들을 칠흑 같은 어둠 속에서 잠시라도 끄집어낼 수 있거든요. 물론 다시 칠흑으로 들어가겠지만요. 그렇지만 잠깐 맛본 강렬한 태양 앞에서 아이들은 변화의 씨앗을 몸속에 심게 되리라 믿어요. 그 씨앗을 틔우느냐 그대로 깊은 곳에 묻어두느

냐는 온전히 그 아이들 몫이지만요. 그것까지야 우리가 어찌할 수 없는 노릇이죠. 그러나 우리는 때때로 아이들에게서 무한한 희망을 발견하기도 하지요. 그래서 교직은 신비롭기도 해요.

또한 알게 모르게 겪는 사회적 차별 속에서 멍드는 아이들을 잠시라도 우리 교사들이 보듬어 줄 수 있어요. 형이 편지에서 보여 준 여러 모습이 바로 그런 사례겠지요. '온 마음을 다해 조금 더 관심이 필요한 아이들을 사랑'하려고 한 형이요.

하지만 형처럼 나름의 사명감으로 상처 있는 아이들을 더 바라보고 다독인 교사가 얼마나 될지 의문스러워요. 권위주의 시대 교사는 아이들을 보듬기는커녕 알량한 권력을 이용해 되레 억압했고(물론 보이지 않는 곳에서 아이들이 성장하도록 지원해 준 훌륭한 선생님도 많지요), 2000년대 이후 교사들은 갑을 관계가 뒤바뀐 학교 문화에 적응하느라 아이들을 돌볼 여유가 없었거든요. 안타깝지만 지금도 아이들이 받은 상처를 어루만지기에는 교사가 받은 상처도 만만찮게 깊거든요.

불행한 시대의 교사와 불행한 시대의 아이들, 우리를 이렇게 불행하게 만든 원인을 찾아 여기까지 왔네요. 이제는 학부모 문제를 짚어야 할 때인 듯해요.

'불행한 시대를 만든 한 축, 학부모라는 존재.'

이렇게 온 책임을 학부모들에게 떠밀어도 되는지, 학부모들도 시대의 희생양인지, 형 생각을 듣고 싶어요.

교사들은 모두 예술가잖아요

보낸사람 권이근

받는사람 곽노근

2024년 10월 14일 (월)

선생님, 제가 첫 편지를 보낸 때가 언제인지 기억하나요? 작년 10월, 풍요로운 가을이 저물어 텅 비어 가던 어느 날 깊은 밤이었지요. 어느새 계절이 한 바퀴 돌았고, 이곳 캐나다에서 다시 가을을 맞이했어요.

벌써 1년

집 둘레 호숫길을 산책할 때면 낙엽이 바싹 마르는 모습에서 바사삭 과자 씹는 소리를 엿들어요. 가끔은 달콤하고 구수한 기름 냄새가 난다고 상상하기도 해요. 어느 날은 자전거를 느릿느릿 타고 가는데 기름 볶는 구수한 냄새가 났어요. 아무리 둘레를 둘러봐도 음식을 만드는 식당이나 가정집은 보이지 않았지요. 뭐랄까요, 마음이 만드는 기운이 얼마나 강렬한지 새삼 깨닫는 순간이었어요.

네, 맞아요, 지금은 많이 좋아졌어요. 1년 자율연수 휴직이 저에게는 분명 선물 같은 시간이었어요. 더욱이 떨어져 있던 가족이랑 시간을 함께 보내며 모호하던 제 미래도 흐릿하게 밑그림을 그릴 수 있었어요. 이곳에서 한 경험에 관해서는 다음 편지에서 자세하게 전할게요. 무엇보다 우리가 편지를 나눈 1년은 많은 생각이 정리되는 소중한 시간이었어요. 더불어 나날이 성숙하는 선생님 생각을 읽으며 놀랍기도 했고, 끊임없이 성장하는 교사의 모범을 보았어요. 여러모로 참 고마운 당신입니다.

불행한 시대를 만든 한 축, 학부모

선생님이 편지 마지막에 쓰신 한 구절을 보는 순간, 두려움이 훅 밀려왔어요. 솔직히 동료 교사를 향한 비판을 떠올릴 때보다 마음이 더 옥죄는 느낌이에요. 그동안 학교에 있으면서 한국 교육계에서 가장 무서운 힘을 발휘하는 존재는 바로 학부모라는 결론을 얻었거든요.

그런데 그 결론을 아주 오래전에 저에게 일깨워 준 분이 있었어요. 전국귀농운동본부에서 진행한 귀농학교에 다니면서 많은 인생 선배님들을 만났어요. 제가 교대를 다닐 때였는데, 잊을 수 없는 한 형님이랑 나눈 대화를 들려 드릴게요.

"교대생이니까 물어보고 싶은데, 대한민국 교육 대통령이 누군지 혹시 알아?"

"헤헤, 난센스 퀴즈 같은 건가요? 그럼 교육부 장관은 아닐 테고……."

"당연히 아니지! 조금 쉽게 생각해 봐."

"글쎄요, 누굴까요. 손주은 같은 학원 강사 아니에요?"

"그럴까?"

"아! 알았다! 엄마예요, 전부 엄마 맘대로 하잖아요!"

"땡, 아주 비슷해. 거의 다 왔어. 한 걸음만 더 들어가!"

"잉? 에이, 몰라요. 도대체, 누군데요?"

"하하, 바로 누구냐면? 옆집 아줌마!"

아, 정말이지 저 때는 사실 그렇게 심각하게 받아들이지 못했어요. 그냥 힘든 농사일 사이에 한바탕 웃음을 주는 농담으로 받아들였거든요.

그런데 말이죠, 제가 교사가 되고 5년 정도 지나서 저도 아이를 어린이집에 보내기 시작하면서 저 대화가 지닌 위력을 실감하기 시작했어요. 이전 편지에서도 말씀드렸지만, 한국 사람들은 끊임없이 타인의 시선에 삶의 기준을 맞추며 살아가려는 경향이 너무 강해요. 대한민국 교육 대통령이 '옆집 아줌마'라는 진단도 같은 맥락이라고 저는 생각해요. 그런데 여기에서 '아줌마'라는 낱말은 '이웃'이라고 생각하시기를 부탁드려요. 문자 그대로 '아줌마'에 집중하기 시작하면 이 이야기는 본질에서 벗어나 필요 없는 논쟁으로 이어질 수 있으니까요.

선생님 말씀대로 저를 포함한 모든 학부모는 시대의 희생양이면서 동시에 문제를 더 복잡하게 만든 책임자이기도 해요. 그렇지만 정답이 없어 보이는 대한민국 교육 현실을 뒤바꿀 힘이 있는 존재도 학부모라는 강한 믿음을 바탕으로 저의 비판적 생각들을 조각조각 붙여 나갈게요.

타로

캐나다에 와서 한국 사람들을 만날 기회가 종종 있었어요. 대부분 아내가 다닌 어학 코스에서 만난 이들이죠. 그런데 아내가 제가 타로를 볼 줄 안다고 사람들에게 말하는 바람에 타로 카드를 들고 자식 교육에 관련된 이야기를 자주 나누게 되었어요. 저는 아이들이랑 상담하려고 타로를 공부했거든요. 그래서 점을 본다기보다는 순전히 재미로 이야기를 나누었지만, 가슴 아픈 일들을 자주 듣고 보았어요.

무슨 이야기냐 하면, 아마 짐작은 하실 거예요. 캐나다로 자식을 데리고 온 부모님들은 백 퍼센트 자식을 위한 결정이라고 해요. 그런데 캐나다에 온다고 해서 모두 원하는 결과를 얻을 수는 없더라고요. 아이들이 원해서 온 가족은 대부분 뜻하는 방향대로 가지만 부모님이 강하게 원해서 끌려오다시피 한 아이들은 조금 그래요. 무슨 뜻인지 아시죠?

저는 2000년 새 천 년에 오스트레일리아로 워킹 홀리데이를 떠났어요. 1년 정도 그곳에서 지낼 때도 비슷한 경험을 했지요. 그러니까 25년이라는 시간이 흘러도 바뀌지 않는 강렬하면서 특정한 경향성이 있어요. 20여 년 전 오스트레일리아에서는 마약에 빠져 허우적대는 자식을 망연자실 바라보는 서울대학교 졸업생 부모님을 본 적도 있었지요. 캐나다에서 듣고 본 슬픈 일들은 조용히 입을 다무는 편이 나을 듯해요. 그래서 학부모님들께 이런 질문을 던지고 싶어요.

'부모가 자식을 위한다면서 하는 일이 정말로 자식을 위한 걸까?'

무엇이 문제인지는 분명하지요. 사실 하나도 어렵게 생각할 필요가 없어요. 아이가 정말 무엇을 원하는지는 마음을 열고 아이 이야기를 잘 들으면 알 수 있어요. 그런데 우리 어른들은 아이들이 아직 세상을 살아 보지 않아서 잘 모른다고 그냥 단정해요.

문제는 대부분 여기에서 비롯되었어요. 17년 동안 학교에서 가르쳐 보니 초등학교 3학년만 되어도 요즘 아이들은 알 것은 대부분 다 알아요. 그런 현실을 어른들만 모를 뿐이었지요.

타로 이야기를 조금만 더 할게요. 타로 카드는 78장인데, 메이저 카드가 22장이고 마이너 카드가 56장이에요. 마이너 카드는 인간 세상을 구성하는 요소를 넷으로 나누어 이미지를 제시해요. 마치 오행(화, 수, 목, 금, 토)처럼 말이죠. 구체적으로 말하면 인간 세상은 불(의지, wand), 물(감정, cup), 공기(이성, sword), 흙(물질, pentacle)으로 구성된다고 보아요. 저도 처음에는 별다른 생각이 없었는데, 캐나다에 와서 여러 한국 부모님들에게 타로를 봐 주면서 깨달았어요.

타로를 기준으로 하면 인간 세상을 구성하는 대부분은 눈에 보이지 않아요. 의지, 감정, 이성(생각)은 보고 싶어도 볼 수 없어요. 그러니까 인간 세계를 구성하는 참모습 중 75퍼센트는 쉽게 알아챌 수 없어요. 반대로 인간들이 아등바등 매달리는 물질은 고작 25퍼센트이지요.

이 세상에서 진짜 소중한 것들은 눈에 보이지 않아서 마음으로 바라봐야 한다는 《어린 왕자》 이야기도 결이 같아요. 우리 아이들도 마찬가지예요. 마음의 눈으로 바라봐야 아이들이 진짜 원하는 것을 듣고 볼 수 있어요. 어른들은 이제라도 '마음의 눈'을 크게 떠야만 해요.

자식을 학교에 보낸 죄

아마 2011이나 2012년으로 기억해요. 학교운영위원장을 맡으신 저희 반 학부모님께서 교장 선생님이랑 학교에 정수기를 설치하는 문제로 갈등을 겪으셨죠. 왜 학교는 정수기 말고 음수기만 설치해야 하는지 모르겠고, 왜 어떤 학교는 정수기를 설치해도 아무런 제재가 없는지 아직도 저는 알 수 없어요.

저는 저라도 뭘 해서 학부모님 마음을 풀어드리자 생각하고 오지랖을 부리며 아무도 시키지 않는데 그 학부모랑 단둘이 술자리를 만들었어요. 그분이 제게 물었죠.

"학부모들은 모두 원죄가 있어요. 그게 뭔지 아세요?"

저는 뭘 뜻하는 질문인지 쉽게 이해할 수 없었어요. 그래서 멋쩍게 머리를 긁었지요.

"학교에 자식을 보낸 죄로 학부모들은 학교에 요구하고 싶은 게 있어도 강하게 말하지 못해요."

그때는 확 와닿지 않았지요. 진짜 아이들을 위해서 필요한 게 있으면 강하게 학교장에게 요구하셔도 된다고 저는 말했어요. 그런데 제가 제 자식을 학교에 보내고 나니 정말 확 와닿는 말로 바뀌더군요.

제 생각에는 학부모님은 대부분 이렇지 않을까 싶어요.

물론 일본에서 시작된 '괴물 부모' 사례가 한국에서도 점점 늘어나면서 강도도 세지고 있어요. 작년에는 '왕의 디엔에이를 가진 아이'라며 제 자식에게 특별 대우를 요구한 교육부 관료가 공분을 일으키기도 했으니까요. 그렇지만 대부분의 학부모는 그렇지 않아요. 자기가 하는 지나친 행동이 아이에게 손해로 돌아오지 않을지 염려하는 분들이 더 많아요.

그래서 많은 현장 교사들이 서이초 사건 같은 지나친 항의성 민원은 특별하게 대응해야 한다고 생각해요. 건강하고 건설적인 학부모 상담은 대부분 담임 교사가 당연히 처리해야겠지만, 이른바 '괴물 부모'가 제기하는 항의성 민원에는 특별한 대처 방법을 반드시 마련해야 해요.

무능한 교육부가 아무런 대책을 내놓지 못한다면 학교 현장 책임자인 교장 선생님과 교감 선생님들이라도 함께 연대해 교사를 지원하는 실질적인 방법을 고민하셔야만 해요. 교사 시절을 거쳐 그 자리까지 가신 분들이니 동료이고 선후배인 교사들이 얼마나 고통받는지 잘 알고 계시잖아요. 제발 부탁드려요!

공교육은 서비스가 아니에요

이제는 고리타분한 주제지요. 많은 어른은 공교육이 당

연히 국가에서 받아야 할 서비스라고 생각해요. 그렇지만 공교육은 절대 서비스가 아니에요. 공교육을 서비스라고 인식하는 순간 공교육은 상품으로 변질되어요. 상품은 공장에서 일괄 제조 방식을 거쳐 대량 생산이 되죠. 아, 물론 눈에 보이지 않는 서비스 상품도 있어요. 흔히 이야기하는 전통적 산업 분류 방식에서 3차 산업에 들어가는 것들이요. 그런데 이런 상품도 고객 만족과 수요를 극대화하려는 매뉴얼이 있어요. 반대로 사교육은 서비스가 될 수 있겠죠. 의대 블랙홀 현상을 주도하는 한 축이 사교육 시장이고, 학부모를 상대로 불안과 욕망을 자극하는 매뉴얼이 분명 있으니까요.

저는 공교육에는 매뉴얼이 있을 수 없다고 생각해요. 학교에 모여 있는 아이 100명을 모두 만족시킬 수 있는 매뉴얼은 이 세상에 없으니까요. 공교육이라는 영역은 하나하나 다 다르고 구체적인 실천 사례만 있을 뿐이에요. 그리고 슬프게도 그 사례들이 반드시 성공적이라는 보장도 없어요. 실패한 사례 때문에 포기하지 않고 더 나은 방법론을 끊임없이 찾아가는 사람들이 현장 교사이죠. 실패 속에서 힘겹게 희망을 찾는 노근 선생님 같은 현장 교사들 이야기는 그래서 참 소중해요. 여기에서 정말 하고 싶은 이야기가 있어요.

"건강하고 올바르게 아이들을 성장시키기 위해서 학부모님들 도움이 절실해요."

만족스러운 서비스 상품을 소비하듯 내 자식만을 위한 필요를 학교에 요구하는 모습은 학교 교육 공동체를 조금씩 파괴하는 부정적 힘을 내뿜어요. 물론 내 자식에게 필요한 일을 학교에 요구할 수는 있어요. 그렇지만 그런 요구가 내 자식에게 한정돼서는 절대로 안 돼요. 마음의 눈을 더 크게 뜨셔야만 해요. 그래야 학교가 제대로 설 수 있어요. 내 아이를 위한 요구가 다른 아이에게 피해나 상처를 주지 않는지, 혹시 내 아이를 위하면서 다른 아이도 함께 성장할 기회를 줄 수 있는지 한 번 더 생각하고 학교에 요구하셔야 해요.

모든 어른이 인정하듯 학교는 우리가 살아가는 이 세상의 축소판이에요. 그래서 학교가 살아나고 있는 긍정적인 사례를 접할 때는 우리 사회 전체를 살릴 수 있는 희망을 엿보기도 해요. 그러니 학부모님들, 민원을 전달하고 싶을 때는 학교 교육 공동체가 건강하게 회복될 수 있도록 한 번만 더 생각해 주시기를 부탁드려요.

유튜브에 자녀 교육을 잘하는 데 필요한 조언이 넘치는 시대에 우리는 살고 있어요. 그런데 정작 학교는 깊은 늪에서 빠져나올 기미가 없어요. 오로지 내 자녀만 잘되면 된다는 좁은 생각에 갇혀 있어서 그래요. 그렇게 되면 우리는 이 무도한 자본주의 체제에 끼인 부속품이 될 수밖에 없어요. 선생님께서 지난 편지에서 말씀하신 대로 '저 높은 지배 계급'들이 원하는 상태이죠. 우리를 뿔뿔이 흩어진 개인으로 만들어 모든 문제가 일어난 원인을 자기 자신에게 돌리게 해서 사회 구조적 문제를 놓치게 만드는 거죠. 솔직히 이런 말이 너무 정치적으로 들리지 않을까 걱정이 들어요. 보수와 진보, 우파와 좌파 사이의 갈등으로 몰아붙이면 우리는 변화 기회를 놓치고 말아요. 개인적 욕망과 사회적 욕망(공동체성)이 충돌하는 지점을 놓치는 순간에 우리는 우리의 실존을 망각하게 돼요. 그래서 내 것이 아니지만 내 것 같은, 남의 눈에 잘 보이려는 욕망만 추구하다가 나도 모르게 이웃들을 짓밟는 삶을 살게 될지도 몰라요.

그러니까 제발 이런 인식을 부정적으로 보지만 말고 우리 어른들이 마음의 눈을 더 크게 떠야 해요. 언제든 대체될 수 있는 소모품으로 사는 삶에서 벗어나 우리가 제 삶의 주인으로 우뚝 서야 해요. 그래야 학교를 비롯한 우리 사회에 쌓인 문제들이 자연스럽게 해결될 수 있어요.

내가 좋은 교육 대통령이 된다면

그렇지만 오해하시면 안 돼요. 정말 중요해서 지겹지만 다시 한 번 더 강조하면, '제 삶의 주인으로 우뚝 서야 한다'는 그럴듯한 이 말은 내 자식만, 내 가족만 잘되어야 한다는 말이 절대 아니에요. 뿔뿔이 조각나 뒤죽박죽 어지러운 낙서 같은 학교를 아름다운 작품으로 만들려면 전체 구도(방향성)를 잡아야 해요. 학교 교육 공동체를 건강하게 회복해야 해요.

제가 자주 말씀드린 혁신학교 때 경험에는 이런 일도 있었어요. 부모가 이혼해 조부모랑 사는 1학년 아이를 만났어요. 흔히 말하는 조손 가정이죠. 학부모 공개 수업 때 학부모들이 보는 앞에서 자기 책상을 뒤집어 던진, 그야말로 통제 불능인 아이였죠. 당연히 친구들을 괴롭히고 폭력도 휘둘렀지요. 담임 교사도 어찌지 못하는 상태가 이어지자 결국 2학기에 한 학부모님이 학교에 학교 폭력으로 신고했어요. 아, 그때 학교 폭력 업무 담당자가 저였어요!

지금은 많이 바뀌었지만, 그때는 학교가 학교 폭력 신고 사안을 자체 심의하고 심의 결과까지 내놓는 법원 기능까지 해야 했지요. 그런데 놀랍게도 신고한 학부모께서 학교폭력대책심의위원회 도중에 신고를 취소하고 그 아이를 건강하게 돌보기 위해 학교 교육 공동체가 무엇을 할 수 있는지 의견을 나누기 시작했어요. 어쩌면 지난 편지에서 말씀드린 대로 시골이라는 지역적 특성이 작용한 덕분인지도 모르겠어요. 시골은 그나마 농경 사회 때 공동체 정서가 남아 있으니까요.

조금 자세히 설명할게요. 학폭위 위원 중 한 분이 마을에서 오래 교사로 일하신 그야말로 어른이셨고, 그 어른은 문제 행동을 일으킨 아이를 키우는 조부모님이랑 오랜 인연이 있었으며, 아이 아빠도 잘 알고 계셨어요. 학폭위에 함께 자리한 그 아빠는 그 어른을 알아보고 단박에 자식에게 무심하게 지낸 잘못을 인정했어요.

업무 담당자인 저는 안도하는 한숨을 내쉬었고(학폭 업무 처리 절차가 얼마나 복잡한지 옛날 학폭 업무 담당자 아니면 아무도 모를걸요!), 모든 참석자가 학교 둘레 마을 어른인 학폭위 위원들하고 함께 그 아이를 돌볼 방법을 이야기하는 모습을 감동하며 지켜봤어요.

우리는 맨날 말만 했어요. '한 아이를 키우려면 온 마을이 필요하다'고요. 그런데 그 말이 지닌 진짜 뜻을 저는 이때 절절히 경험했어요. 결국 아이는 아빠랑 함께 살 수 있게 되자마자 조부모를 떠나 전학을 갔지요. 물론 아빠랑 같이 산다고 해서 이 아이가 확 바뀐다고 생각하지는 않아요. 그렇지만 부모가 자식을 위해 가족을 책임지려는 모습은 아름답게 보였어요.

지금 '우리 학교'는 과연 어떤 모습인가요?

지금 '우리 학교'를 되살릴 힘은 누구에게 있을까요?

해답은 간단하다고 생각해요. 앞에서 들려드린 어느 형

님 이야기를 여기에 끌어오면, 우리가 모두 좋은 대한민국 교육 대통령이 되는 거예요. 내가 좋은 옆집 이웃이 되면, 우리가 서로 돌보는 건강한 이웃이 되면······.

생각만 해도 마음이 답답해질지 몰라요. 맞아요, 절대 혼자 힘으로 할 수 없는 일이에요. 그래서 함께 손잡고 같이 걸어가야 해요. 공동체는 혼자서 만들 수 없으니까요.

가장 가까운 이웃이랑 함께 교육에 관련된 책이나 동화, 동시를 읽으며 가볍게 출발하면 좋겠어요. 일주일에, 아니 한 달에 한 번도 좋아요. 2024년 노벨 문학상도 우리 대한민국에서 나왔잖아요! 맞아요, 책 모임이 딱 좋겠어요! 이참에 '기적의 도서관' 같은 책 문화 운동이 거듭 태어난다면 얼마나 좋을까요?

책 읽기 모임에서 아이들이 건강하게 성장하는 방법에 관해 조금씩 대화를 나누다 보면 실마리가 잡힐 거예요. 맨날 아이들에게 책 읽으라는 말만 하지 말고 부모가 직접 보여 주자고요. 내 아이 첫 선생님도 부모이고 아이에게 가장 큰 영향을 미치는 선생님도 부모니까요. 학교 교사는 절대로 부모를 극복할 수 없어요. 부모보다 더 훌륭한 선생님은 이 세상에 없어요. 자식은 부모가 보여 주는 훌륭한 모습을 가장 자연스럽게 배우며 따라가니까요. 부모는 자식의 거울이니까요.

'학부모 콜라주'론

사실 요즘 학교에서는 학부모라는 말을 잘 쓰지 않아요. 가정으로 보내는 가정통신문에도 '학부모 서명'이라는 문구를 '보호자 서명'으로 바꾼 지 꽤 오래되었죠. 잘 아시듯이 새로운 형태를 띤 가족이 탄생하다 보니 학생이랑 함께 사는 어른이 꼭 그 아이를 낳은 부모가 아닌 사례가 생기기 시작했지요.

인터넷을 검색하다 보니 '보호자' 대신에 '양육자'라는 낱말을 쓰는 학교도 있더라고요. 저는 '양육자'가 '보호자'보다 훨씬 좋아요. '보호자'는 왠지 수동적인데 '양육자'는 적극적이고 능동적인 느낌이 강해요. 우리 사회가 새로운 가족 형태를 점점 더 수용하고 그런 이들이 위축되지 않도록 낱말 하나를 쓸 때도 배려하는 모습에서 저는 변화가 시작된다고 봐요.

우리 사회에는 더 다양한 가족 형태가 생겨날 테고, 더 능동적인 모습을 띤 '학부모'들이 '우뚝' 서리라 믿어요. 그래서 낯서 같은 학교가 아름다운 예술 작품으로 부활하는 순간들이 점점 늘어나기를 소망해요. 관습을 깨고 나타난 콜라주라는 새로운 미술 장르가 예술가들에게 무한한 상상력을 불어넣듯 말이죠.

여기에 노근 선생님이 또 다른 '학부모' 이야기를 붙여 주세요. 현실과 상상의 경계를 허문 전위 예술가처럼요. 선생님 이야기는 새로운 오브제가 되어 여러 교사가 들려주는 다양한 '학부모 이야기'를 불러올 거예요. 그래서 우리가 만든 '학부모 콜라주'는 결이 다른 이질적 오브제들이 화학 작용을 일으켜 끊임없이 의미를 확장하는 초대형 작품으로 재탄생하겠지요. 교사들은 본질적으로 모두 예술가잖아요!

학부모님, 아이에게 스스로 해결할 기회를 먼저 주세요

보낸사람 곽노근

받는사람 권이근

2024년 11월 1일 (금)

이근이 형에게. 지금 우리는 서이초 사건 이후 '괴물' 학부모에 너무 몰입하는 바람에 모든 학부모가 '괴물'이라고 생각하는 경향이 있어요. 우리가 겪은 집단적 트라우마가 우리를 그렇게 몰아가고 있어요. 우리는 일상적으로 괴물 학부모를 만나고, 그러한 상황이 '교권 사태'를 만나면서 우리 감정을 헤집고 증폭시킨 탓이죠. 괴물 학부모를 만나 극단적 선택을 하는 동료 교사를 접하며 공감하고 함께 슬퍼하면서 우리 마음은 균형을 잡기가 힘들어졌어요. 이해가 안 되지는 않아요. 우리가 이렇게 기울어진 데는 그럴 만한 상황과 맥락이 충분히 있어요.

기울어진 학교에서 균형 잡기

그러나 마음을 조금이라도 추스를 수 있을 때 한 번쯤 되돌아볼 필요는 있다고 생각해요. 정말 우리 주위에 그런 괴물 학부모만 있는지 말이에요. 선한 학부모, 우리에게 힘을 주는 학부모, 우리를 지지하고 응원할 학부모는 정말 없는지를. 그런데 이렇게 반문할 수도 있겠어요. 설령 있다손 치더라도 뭐가 그렇게 중요하냐고, 우리는 괴물 학부모에 휩싸여 있으니까 그 사람들이 함부로 하지 못하게 대응 방안을 마련하는 일이 훨씬 중요하지 않느냐고. 일리 있는 말이에요.

우리 머릿속이 온통 괴물 학부모로 가득 차 모든 학부모를 괴물 학부모로 생각한다면, 학부모를 대할 때 처음부터 부정적인 감정을 앞세울 테고 좋은 말이 쉽게 나오지 않을 거예요. 이 부정적인 기운은 고스란히 학부모에게 전해질 테고, 처음에 우리에게 충분히 협조하고 함께할 마음이 있던 학부모도 그러한 기운을 느껴서 같이 부정적으로 변하기 쉬울 거예요. 괴물이 아닌 학부모조차 우리에게 마음이 돌아서고 점차 괴물 학부모가 될 가능성까지 있겠지요. 그 부정적 기운을 다시 느끼면 우리는 학부모에게 더 방어적으로 변하고, 그 방어적 기운을 느낀 학부모는 다시 더 방어적으로 바뀌어 날카롭게 우리를 공격하게 될 거예요. 꼬리에 꼬리를 무는 악순환이 이어지는 거죠. 과연 옳은 방향일까요?

사실 형 말처럼 대부분의 학부모는 선해요. 자식이 볼모로 잡혀 있는 듯한 상황 때문에 그런지는 몰라도 협조적이거나 교사가 하는 교육에 별로 간섭하지 않는 학부모가 많아요. 일부, 정말 몇몇 괴물 학부모에게는 단호하게 대할 때도 있어야겠지만, 대부분의 선하고 협조적인 학부모에게 힘을 빼지 않으면 좋겠어요. 차라리 그 힘을 모아 든든한 우군을 만드는 쪽이 훨씬 좋다고 생각해요.

괴물 학부모의 탄생

괴물 학부모가 확실히 더 많아지기는 했어요. 교사에게 함부로 대하거나 선 넘는 요구를 하거나 엉뚱한 민원을 넣는 학부모가 늘어난 현실까지 부정할 수는 없어요. 이런 학부모들이 왜 늘어난 걸까요?

첫째, 약해진 교권에 관련이 있어요. 예전에는 교사 처우가 막 좋다고 할 수는 없어도 교사 권위가 약하지는 않았어요. 아이들도 교사에게 함부로 할 수 없었고(맞을 수도 있으니까요), 학부모 또한 마찬가지였어요. 내 아이에게 가해지는 폭력(체벌)이 어쩔 수 없다고 생각했고, 그냥 그러려니 넘어갔어요. 학교 폭력이 일어나도 애들은 다 그러면서 큰다면서 지나갔어요. 그러한 문화가 결코 옳다고 생각하지는 않아요.

체벌이 사라지고 교사 권위가 약해지면서 학생도 학부모

도 교사를 함부로 대하는 일이 잦아졌어요. 교사에게 함부로 대해도 교사가, 그리고 학교가 제재할 수단이 없다는 사실을 알자 사람들은 본능적으로 틈을 비집고 들어왔어요.

둘째, '내 새끼 지상주의'가 만연한 탓이에요. 소설가 김훈은 '내 새끼 지상주의'라는 말을 널리 퍼트렸어요. 김훈은 이 글을 쓰고 공감과 지지도 많이 받았지만 욕도 꽤 먹었어요. 조국 전 법무부 장관을 사례로 든 때문이에요. 조국을 지지하는 이들은 이 글이 꽤 불편했겠지요. 다양한 관점에서 바라볼 여지가 많은 조국 관련 이야기는 여기에서 특별히 다루지 않을게요. 그 부분만 뺀다면 저는 김훈이 내린 진단이 꽤 적확하다고 생각해요.

> '악성 민원'의 본질은 한마디로 한국인들의 DNA 속에 유전되고 있는 '내 새끼 지상주의'다. '내 새끼 지상주의'는 '내 새끼'를 철통 보호하고 결사옹위해서 남의 자식을 제치고 내 자식을 이 세상의 안락한 자리, 유익한 자리, 끗발 높은 자리로 밀어 올리려는 육아의 원리이며 철학이다. '내 새끼 지상주의'는 사회적 관계 속에서 나의 자식이 겪게 되는 작은 불이익이나 훼손을 견디지 못하고 사회관계망 전체를 뒤흔들어 버린다. 교실에서 벌어지는 아이들 사이의 사소한 다툼이 '내 자식'을 편드는 부모의 싸움으로 확전돼 교사를 괴롭히는 사례는 흔하고, '내 자식'

을 편들며 달려드는 학부모의 태도는 울면서 떼를 쓰는 아이와 같다고 경험 많은 교사는 말했다. 이렇게 해서 '내 새끼 지상주의'는 자식을 명품 시계나 고가 핸드백처럼 물신화한다. 이것은 이제 이 난세의 생존술이고 이데올로기다.

— 김훈, 〈'내 새끼 지상주의'의 파탄…공교육과 그가 죽었다〉, 《중앙일보》 2023년 8월 4일

김훈은 내 새끼 지상주의가 한국인들의 디엔에이 속에 유전되고 있다고 하지만, 사실 그렇지는 않죠. 한국인이라는 특정 민족에게 유전된다면 왜 유독 과거에는 심하지 않던 문제가 지금 이렇게 크게 터질까요? 자조적인 표현일 테지만 과장법이 조금 아쉽기는 해요.

유전이라기보다는 자본주의가 극단으로 치달으면서 천민화되는 경향에 맞물리며 벌어진 현상이라고 저는 봐요. 자본주의는 한계가 명확해요. 다른 이들이랑 함께하는 것보다는 내가 잘사는 데 관심이 더 많아요. 물론 생존은 중요해요. 그런데 생존하는 방식은 여러 가지일 수 있어요. 더불어 '같이' 생존하는 방법도 있겠고, 나만 '혼자' 생존하는 방법도 있지요. 자본주의는 볼 것도 없이 나만 혼자 생존하는 방식을 추구해요.

이런 위험성 때문에 자본주의는 끊임없이 반성하며 수정하고 보완하는 과정을 거쳐 지금까지 왔어요. 반성하는 과

정에서 삐거덕거리다가 다시 예전 자본주의로 회귀하기도 해요. 우리의 자본주의는 어떤가요?

너무 성장에 목매달다 보니 제대로 반성할 기회가 별로 없었어요. 저는 그렇게 해서 탄생한 결과물이 '내 새끼 지상주의'라고 생각해요. '내 새끼'만 잘되면 된다는 마음, '내 새끼'에게 생기는 조그마한 흠도 못 견디는 마음. 그렇게 '괴물 학부모'가 탄생한다고 저는 생각해요.

내 새끼 지상주의

'내 새끼 지상주의'는 정말 '내 새끼'를 위하는 길일까요? 정말 아이를 위하는 애끓는 마음으로 그렇게 행동하는 걸까요? 처음은 그럴지도 모르겠어요. 자기 아이를 위하는 마음으로 시작할 수도 있었겠죠. 그런데 처음에는 아이에서 시작한 문제는 시간이 지날수록 점점 부모 문제가 돼요. 끝내는 부모들 자존심 싸움으로 번지는 사례를 흔히 보기도 해요.

한 번은 이런 일이 있었어요. 저희 반 아이 ㄱ과 다른 반 아이 ㄴ은 같은 아파트 단지 놀이터에서 자기 무리 친구들이랑 따로 놀고 있었어요. 그런데 놀이 시설을 같이 이용하다가 충돌이 일어났어요. 직접 손으로 때리거나 하지는 않았어요. 다만 ㄱ은 ㄴ에게 간접적으로 맞았어요. 놀이 시설에 부딪혔지요. 특별한 고의가 보이지는 않았어요. 고의가 없더라도 잘못은 잘못이지만요.

어찌 보면 쉽게 끝날 수 있는 사건이었어요. 선생님들이 '교육적으로' 해결하려면 충분히 그럴 수 있었어요. 그렇게 쉽게 끝나지 못한 이유는 '학부모'들이었어요. '피해' 학부모가 이 문제를 '학폭'으로 넘겼고, '가해' 학부모는 아이가 잘못을 저지른 사실을 전혀 인정하지 않았거든요. 학폭 심의 과정에서 중재하려는 노력은 모두 물거품이 되었고, 양쪽 부모는 한 치도 물러서지 않았죠.

사실 선생님들은 사건 초기에 관련된 아이들을 모두 불러 이야기를 듣고 사과하는 자리도 마련했어요. 다툼과 화해로 나아가는 과정에서 가해와 피해가 나뉘기는 했지만, 양쪽 아이가 모두 조금씩 잘못이 있어서 서로 사과하는 말을 건넸어요. 그 과정에 선생님들이 사과를 강요하는 일은 절대 없었어요. 학부모들이 개입하지 않았다면, 사건은 여기에서 무난히 해결되었겠지요. 아물지 않은 상처가 몸과 마음에 남아 있는지 선생님들이 계속 살펴야겠지만요.

그날 ㄱ의 부모님이 전화를 걸었어요. 우리 아이를 가해자 아이랑 한자리에 있게 하면 어떻게 하냐, 피해 아이에게는 아주 두려운 상황이다, 사과를 그렇게 함부로 시키면 어떡하냐, 사과해야 하는 듯한 분위기에서 아이가 억지로 사과한 모양이라며 따지기 시작했는데, 진땀이 마구 흘렀어요.

가해자와 피해자를 한 자리에 있게 하지 말라는 말, 취지는 참 좋아요. 맞는 듯해요. 그러나 사건마다 경중을 따지지 않은 채 무작정 분리하는 방식은 답이 아니라고 생각해요. 극심한 폭력에 시달려 벌벌 떠는 피해자 앞에 가해자를 앉히는 방식은 그것 자체로 폭력이고 위협이지요. 그 사건은 그런 사안은 아니었어요. 피해 학생이 자기가 입은 피해를 자기 말로 또렷하게 이야기할 만큼 그 자리는 위협적이지 않았거든요. 선생님들도 여럿이 자리에 함께해서 가해 학생이 위협한다고 해서 통할 상황도 아니었고요.

학생 간에 다툼이 벌어져 문제가 생기면 각각 분리하여 따로 이야기를 들어봐야 할 순간도 있지만, 함께 모여 서로 이야기를 나누고 상대방 처지를 헤아리며 풀어야 할 때도 있어요. 어떤 방법이 더 효과적인지는 학교 안에서 선생님들이 판단해야 한다고 생각해요. 학부모들은 교육적인 방식으로 문제를 해결할 수 있도록 믿고 지지해야 해요. 지나치게 교사 처지에서 한 이야기일까요? 그럴지도 몰라요.

학부모는 학교가 교육적인 방식으로 해결하는 과정을 충분히 살펴본 뒤에 개입하고 요구해도 늦지 않아요. 학부모는 아무런 문제도 제기하지 말라는 이야기가 아니에요. 다만 학부모가 섣부르게 개입하다가 상황을 훨씬 어렵고 복잡하게 만드는 사례를 저는 자주 보았어요.

그 뒤로 저는 그 학부모한테서 민원 겸 하소연 전화를 숱하게 받았어요. 퇴근 전이든 퇴근 후든 가리지 않고 전화가 왔거든요. 심지어 한밤중에 통화하기도 했어요. 통화를 하면 한 시간은 기본이었어요. 정말 힘들었지요.

문제 상황을 대하면서 부모가 보이는 태도는 아이에게 고스란히 전해졌어요. 사과까지 한 ㄱ은 다음 날 태도를 바꿔 자기가 억지로 사과한 듯 말했어요. 밝고 명랑하던 아이는 그 뒤 사소한 일에 지나치게 예민하게 반응하는 모습으로 변했지요. 부모 모습을 닮아 가는 아이가 저는 정말 안타까웠어요.

두 아이 사이, 아니 정확히 말하면 두 부모 사이의 힘겨루기는 어떻게 끝났을까요? 사건이 일어난 때가 2학기 말인데 종업식 할 때까지 결말이 안 났어요. 저는 그 뒤로 학교를 옮겨 자세한 이야기는 잘 모르지만 들리는 말에 따르면 ㄴ은 몇 호인지 모르지만 학폭 처분이 났고, 강제 전학은 안 가도 되는데 다른 학교로 전학을 갔대요. 그런데 피해 학생 ㄱ도 전학을 갔어요. 이 학교에서 있었던 지리 멸렬한 기억을 떨쳐 버리고 싶었을까요? 결국 둘 다 전학을 가고서야 사건은 끝이 났어요.

그 두 학부모는 정말 '내 새끼'를 위한 행동을 했을까요?

고작 이런 결말을 보려고 폭주하는 기관차처럼 서로 죽일 듯 달려들었을까요?

학교를, 선생님을 조금만 더 믿어 주세요

안일한 말처럼 들릴지 모르겠지만, 학교에서 벌어지는 웬만한 일들은 그냥 선생님에게 맡겨야 한다고 생각해요. 교사와 학교가 아이 문제를 제대로 처리하지 못하면 어떡하냐고 걱정할 수도 있는데, 진짜 큰일이면 당연히 따져 물어야지요. 그런데 대부분 큰일이 아니에요. 큰일이 아닌데도 학부모들은 큰일로 느껴 직접 개입하니까 문제가 되지요. 자기 아이 일이니 다 큰일로 느끼게 되는 마음은 한편으로 이해는 돼요. 그렇지만 그런 태도가 아이가 성장하는 데 오히려 방해된다면, 부모는 멈춰야 해요.

부모가 아이를 방관하라는 이야기는 절대 아니에요. '직접 개입'을 최소화하라는 말이지요. 자주 겪는 일인데, 정말 뜬금없이 갑자기 학부모가 연락해서 이렇게 말씀하세요.

"선생님, 우리 애가 ○○ 때문에 힘들대요."

"○○가 자꾸 이런 행동을 해서 우리 애가 불편하대요."

정작 저는 처음 듣는 이야기인데 말이죠. 이럴 때 많은 교사는 자기 자신에게 책임을 돌리기도 해요.

'아, 내가 관심을 두지 않아서 그런 일을 몰랐구나!'

그렇지만 교사들 잘못이 아니에요. 물론 교사가 미리 살펴서 알 수 있으면 더 좋기는 해요. 그런데 교사 한 사람이 20명 넘는 아이들 상황을 모두 다 알 수는 없어요. 사실상 불가능한 일에 가까워요.

아이에게 무슨 문제가 생기면 부모가 교사에게 직접 전화를 걸어 해결하는 방법은 그리 좋지 않다고 생각해요. 그렇다고 교사가 모든 상황을 다 알고 미리 해결할 수도 없는 노릇이죠. 그럼 어떻게 해야 할까요?

바로 아이가 스스로 선생님에게 자기가 불편한 상황을 이야기할 수 있어야 합니다. 물론 소심하고 내성적인 아이라 선생님에게 잘 이야기하지 못할 수도 있어요. 그래서 선생님에게는 차마 이야기하지 못하고 부모에게 말할 수도 있지요. 이럴 때 부모는 곧장 선생님에게 전화를 걸지 말고 아이에게 먼저 물어봐야 해요.

첫째, 아이 스스로 넘길 수 있는 문제인지(아이들은 때로 해결해 달라는 마음보다는 그냥 공감받고 싶어서 이야기하기도 합니다!), 둘째로, 넘길 수 없는 문제라면 스스로 해결할 수 있는 문제인지를 말이지요. 스스로 해결하는 방법을 부모님이 함께 고민하면 더욱 좋아요. 나를 불편하게 한 그 친구에게 직접 말할 방법도 함께 이야기한다면 말이죠. 그러고는 격려하고, 혼자서 잘하고 오면 칭찬하고, 함께 기뻐하면 됩니다.

아이 혼자 해결하기 힘들다면 부모는 아이가 직접 선생님에게 이야기할 수 있게 이끌면 좋겠어요. 선생님한테 도움을 받도록 말이죠. 여기에서도 마찬가지로 선생님에게 이야기할 방법을 함께 고민하면 좋겠어요. 스스로 선생님에게 이야기하고 문제가 해결되면 마찬가지로 함께 기뻐하고 칭찬하면 되지요. 아이가 세상에 <u>스스로 설 수 있도록 자존감을 키우는 방법은 별것 아니에요</u>. 자기 문제를 스스로 해결하면서 시작돼요.

학부모는 그렇게 한 뒤에도 해결되지 않을 때 개입해야 합니다. 많은 학부모가 이 모든 과정을 생략하고 곧바로 개입하려 해요. 교사에게 전화해 고래고래 따지듯 물어요. 모든 부모는 내가 하는 행동이 내 아이가 자립하는 데 방해되지는 않는지 꼭 자기 자신에게 물어봐야 해요.

학교 재탄생

학부모 문제, 참 어렵습니다. 형이 말한 대로 아이들을 위해서, 올바른 교육을 위해서 학부모하고 함께 가야 하는데, 안타깝게도 세상에는 정말 함께 가기 힘든 분들이 있어요. 그런 부모님들하고는 잠시 거리를 둬야 할지도 모르겠어요. 교사들이 개인 전화번호를 공개하지 않고 소통을 되도록 줄이려는 이유도 그런 분들 때문이지요.

그러나 무작정 회피하는 방식으로 치닫지 않기를 바라요. 저는 2주에 한 번씩 학부모 편지를 보내고, 학급 커뮤니티에 아이들 사진을 올리면서 댓글과 '좋아요'도 많이 달라고 요청해요. 이런 소소한 노력이, 저의 진심이 그분들께 가 닿기를 바라는 마음으로요.

다시 한 번 부탁드리지만, 학교와 선생님을 조금만 더 믿어 주세요. 학교는 생각보다 안전한 곳이에요. 물론 학교 안에서 상처가 될 다툼이나 갈등이 생길 수 있어요. 그렇지만 그런 일들은 우리가 세상을 살아가면서 반드시 극복해야 하는 문제 중 하나일 뿐이에요. 더구나 학교에서 생기는 다툼이나 갈등은 대부분 아이들 스스로 이겨 낼 수 있는 일들이에요. 그런데 아이가 직접 겪고 스스로 이겨 낼 수 있는 문제를 부모가 나서서 일일이 개입하고 해결하면 아이한테서 이 험난한 세상을 헤쳐 갈 힘을 빼앗는 결과가 돼요..

이런 이야기도 학부모님께 가닿기를 진심으로 소망하면서 저의 '학부모 콜라주'는 이쯤에서 마칠게요. 현장 교사들이 전하는 학부모 이야기들이 줄줄이 이어져 형이 이야기한 대로 학교 부활을 희망하는 사람들 마음이 조금이라도 환해지면 좋겠어요.

이제 형도 자율연수 휴직을 마무리하고 학교 현장으로 돌아올 때가 되었네요. 어느새 1년이 훌쩍 지났어요. 어땠어요? 캐나다 생활이요. 참 좋은 시간이라는 편지글은 읽었지만, 좀더 구체적인 이야기를 듣고 싶네요.

그리고 어떨 것 같아요? 앞으로 다시 마주하게 될 형의 교실은요. 서이초 사건 이후에도 크게 달라지지 않은 '우리들의 학교'를 어떻게 품어 안을지 궁금해요. 벌써 형이 보낼 다음 편지가 기다려져요.

오늘 당장 미래를 살래요

보낸사람 권이근

받는사람 곽노근

2024년 11월 7일 (목)

답 없는 시험지

얼마 전 인천에서 또 가슴 아픈 소식이 들려왔어요.
아, '우리들의 학교'는 정말 답이 없는 시험지 같아요.
서이초 사건이 터진 지 1년이 흘러도 변한 게 없어 보여요.
선생님들이 힘들다고 하소연해도 저 높은 곳에 계신 분들은 그저 자기들의 자리(권력) 지키기와 이권 챙기기만 관심이 있어요.
과도한 행정 업무를 줄여 달라는 호소도 한쪽 귀로 흘려서 듣고,
악성 민원을 중재할 수 있는 시스템을 마련해 달라는 부탁도 뭉개고 있어요.
지금까지 그렇게 해 오고 있다는 관행과 선례를 앞세우며 교사가 가르침에 집중할 수 있는 환경을 만들어 주지 않고 계속 일만 하래요.

학부모들의 부당한 요구를 제재하기에는 모호한 기준을 만들어서

교사의 처지도 학부모의 처지도 돌보지 못해서

'괴물 학부모'들이 활개 치는 세상을 아무도 막지 못해서

평범한 교사와 학부모가 서서히 정신을 잃어 가고 있어요.

그런데 이런 학교에서도 여전히 아이들이 자라나고 있어요.

어른들의 잘못된 행동을 때로는 당차게 거부하지만

아이들이 자기도 모르게 조금씩 물들어 가고 있어서

나만 편하고, 나만 재미있고, 나만 잘나면 땡이라고 생각하는 '문제 행동 학생'도 점점 늘고 있어요.

선생님, 어떻게 하죠?

아무리 1년 자율연수 휴직으로 편안해진 마음으로 학교에 돌아간들

제가 뭘 할 수 있을까요?

답 없는 시험지를 받은 지 이미 한참 오래되어서

이제는 깊은 생각을 끝낼 때도 되었다는 생각이 들어요.

맞아요, 어차피 답이 없는 시험지니까요

이제부터는 제 마음대로 답을 써 갈 작정이에요.

아뇨, 예전 편지에서도 슬쩍 말씀드렸지만, 저는 신규 때부터 제 마음대로였어요.

대통령이 바뀔 때마다, 교육 과정이 바뀔 때마다, 교육청 정

책이 바뀌어도

처음부터 저는 그랬어요. 위에서 원하는 단어만 그럴싸하게 말해 주고

저는 제 교실에서 신나게 제 마음대로 아이들이랑 뒹굴며 놀았어요.

어차피 아이들 성장을 위한 본질은 변하지 않고 늘 한결같아요.

맨날 저 위에서는 말만 바꿔서 새로운 교육을 한다고 떠벌리지만

사실 진짜 좋은 교육은 교사가 가장 잘하는 걸로 수업하는 거예요.

교사 스스로 자신이 있어서 신나고 재미있으면,

결국에는 아이들도 덩달아 스스로 재미를 찾아가요. 늘 그랬어요.

그러니까 선생님도 걱정하지 마세요.

'2022 개정 교육 과정'이니, 'AI 디지털 교과서'니, 'IB 교육 과정'이니 막 떠밀어도

절대 고민하지 마세요.

그냥 선생님이 제일 좋아하고, 가장 잘하는 수업을 하세요.

그리고 원하는 단어에 맞춰서 선생님만의 교육 과정을 구성해 주세요.

어차피 쳐다보지도 않아요.

어차피 이미 보고 싶은 것을 정해 놓고 있으니 우리는 안중에도 없어요.

그러니까 끊임없이 선생님이 제일 잘하고 싶은 걸 '거침없이' 파고드세요!

네, 처음부터 끝까지 한결같이 저는 제가 믿는 대로 아이들을 만날래요.

절대로 재미로 친구들 마음을 아프게 하지 않고요,

내 실력이 뛰어나다고 나보다 부족한 친구들을 업신여기지 않고요,

혹시라도 뭔가 모자라 힘든 친구를 보면 앞장서서 도와주고요,

남이 좋다고 말하는 것보다는 내가 좋다고 생각하는 걸 더 사랑하고요,

함께 놀기에도 아까운 시간에 정답만 외우는 공부는 절대 안 할 거고요.

의견이 달라 말다툼이 생겨도 친구 생각을 끝까지 듣고 품을래요.

항상 내 마음대로 세상을 살아갈 수 없다는 걸 당연히 인정하니까요.

그래서 마음이 서로 찰떡같이 맞아떨어지는 그 빛나는 순간,

그 행복과 기쁨을 놓치지 않고 친구들이랑 나누며 반짝반짝 살아갈래요.

오늘 미래를 살래요

그래요, 이제는 변화될 미래를 더 기다리지 않을래요.
어차피 미래에도 바뀌지 않는다는 걸 이제는 알겠어요.
세월호가 그랬고, 이태원 참사도 그랬고, 서이초 사건이 그러고 있어요.
사실은 어쩌면 제가 그토록 거부하는 저 모습을 저도 닮아갈지 몰라요.
그러니 지금보다 더 나은 미래를 기다리며 준비하는 삶을 믿지 않을래요.
그냥 제가 살고 싶은 미래를 지금 당장 부딪치며 살래요.
둘레에서 남들이 비웃어도 참을 수 있어요.
예전에도 이런 일 있었어요.
의사 친구가 나중에 돈 많이 벌면 시골 마을에서 텃밭을 가꿀 거라 했어요,
근데 저는 이미 그때 시골 마을에서 텃밭을 가꾸고 있었어요.
그 친구는 도시에서 시골로 내려간다는 저를 비웃었어요.
남들이 떵떵거리며 누리는 편리를 누리지 못해도 저는 행복

해요.

모든 지구인이 떵떵거리며 살려면 지구가 5개나 있어도 모자란대요.

제가 조금 덜 쓰고, 덜 소비하고, 덜 누리면,

제 자식이 조금 더 오래 인간답게 지구를 누릴 수 있다고 생각하면,

오히려 제 마음이 마구마구 행복해져요.

그렇다고 이런 제 생각만 정답이라며 잔뜩 어깨에 힘주지 않을래요.

자본주의 세상에서 사는 우리는 나도 모르게 무한 욕망을 품고 사니까요.

내 욕망을 위해서는 누군가의 희생이 필요한 구조라는 걸 늘 기억할래요.

그러니까 멋있는 척 제 생각을 내세우는 걸 늘 조심하고,

자아를 찾는다는 멋진 말로 제 삶을 포장하지 않도록 늘 조심할래요.

그저 웃음 찾아서 살다 보면, 나의 긍정적 감정이 친구에게 전해져서

밝은 기운이 인간 고리를 타고 세상에 연결된다고 믿을래요.

땅을 살리고, 생명을 살리고, 지구를 살리려는 유기 순환농업처럼

끊임없이 세상에 가슴 따뜻한 기운들이 선순환되는 모습을 상상할래요.
무엇보다 이 모든 것이 그 무엇을 위한 보상이나 대가를 바라지 않는
마음에서 비롯될 수 있도록 나날이 제 마음을 돌보며 살래요.
그래서 그러니까 제게는 웃음이 제일 중요해요!

인생은 늘 선택이죠

가끔 그래요.
옛날 사진들을 보거나 옛날 일기장을 들출 때
가슴 뛰던 시절, 그때 그 마음이 문득 떠올라서
내가 살아 있구나, 살고 싶었구나, 나도 그렇게 행복했구나,
뒤늦게 막 벅차오를 때가 있어요.
그래서 미친 사람처럼 혼자 막 웃어 젖힐 때,
우리 곁을 떠난 선생님들이 생각났어요.
교실에서, 아파트에서, 세상 고독한 그곳에서
스스로 생의 조명을 끄기 전,
가장 마지막으로 떠오른 게 무엇일까 궁금했어요.
선생님들께도 분명 가슴 뛰던 시절이 있었을 텐데,
생각하니

가슴이 또 방망이질 치며 피가 거꾸로 솟구쳤어요.
가까스로 숨을 가다듬어요.
이제 우리 하루에 한 번씩 나를 위로하기로 해요.
더 이상 혼자라는 생각에 빠지지 않도록 말이에요.
'당신 옆에는 세상에서 가장 아름다운 당신이 서 있어요.'
가슴 벅차게 부푼 당신의 꿈들에 기대어
내일의 꿈을 오늘부터 당장 다시 시작하기로 해요!
그러니까 제발 우리, 이제는 그만 떠나기로 해요……

바닥을 친 다음 우리를 기다리는 것들

나이아가라 폭포에 갔어요.
맞아요, 죽기 전에 꼭 한 번은 와서 봐야 한다고 해서 갔어요.
근데요, 정말 이상했어요.
처음 본 순간 실제가 아니라 화면 속 영상을 보고 있다는 느낌이 들었거든요.
곧장 유람선을 타고 나이아가라 폭포 바로 밑까지 갔어요.
하, 떨어졌다 다시 솟구치는 물보라에 온몸이 흠뻑 젖고 나서야
비로소 느낌이 왔어요.
떨어져 내리는 두려움이!

바닥을 치고 다시 떠오르는 환희가!

그렇지만 결국 모두 아래로 흐르는 생명이!

우리는 그렇게 떨어지고 솟구치기를 되풀이하며

아래로 아래로 끊임없이 흘러 내려간 뒤에

마침내 하나가 된다는 사실이 온몸에 새겨졌어요.

저 거대한 바다에서 우리는 반드시 하나가 되어 만날 테니까,

제발 혼자 고립되지 마세요!

사실은요,

저도 무척이나 무섭고 힘들었거든요.

임아, 부디 그 강을, 그 바다를 가뿐히 건너요

캐나다에 있는 프린스에드워드 섬.

루시 모드 몽고메리가 《빨강 머리 앤》을 쓴 곳에도 갔어요.

앤이 답답한 마음을 달래려 달려 나간 벼랑 끝에 서니,

다른 이야기 속 주인공인 '피리 부는 사나이'가 떠올랐어요.

우리는 지금 어떤 피리 소리에 맞춰 몸을 흔들며 벼랑 끝에 서 있는 걸까요.

저 바다 너머에서 들려오는 울음소리는 애써 외면한 채,

우리는 오늘도 어떤 피리를 불며 서로 현혹하고 있을까요.

온갖 상념에 허우적대다 샬럿타운으로 나가 늦은 저녁을 먹

고 나오니

때마침 불꽃놀이가 화려하게 펼쳐졌어요.

저는 예전 그날을 또렷하게 기억해요.

그날 저는 먹은 걸 자꾸 토했어요.

아뇨, 딱히 뭐 큰일은 없었어요.

그저 그런 날들의 연속, 뭔가 딱히 잡히는 건 없지만,

마당에 목이 묶여 뱅뱅 돌다 지쳐 잠드는 우리 집 개가 꼭 나 같은 나날들.

지금 생각해 보면 세상 그 무엇도 받아들이고 싶지 않았어요.

그래요, 무작정 가족을 따라나섰어요. 기분이 나아질 거라고 모두 그랬어요.

그런데요, 정말 처음이었어요.

그렇게 바로 옆에서 불꽃놀이를 본 적이요.

늘 사진이나 영상에서 보듯 화려하기만 하겠지 생각했는데,

저요, 사실은 무서워 죽는 줄 알았어요.

폭죽을 쏘아 올리는 소리가 진짜 군대에서 쏘아 대는 대포 소리 같았어요.

꼭 전쟁 같은데, 사람들은 좋아라 사진을 찍었어요.

간혹 귀를 틀어막는 어린아이를 보기는 했어요.

그렇게 마음속은 두려움을 참느라 용을 쓰고 있고,

눈으로는 저렇게 빛나는 세상이 내 앞에도 펼쳐질 수 있구나

감탄하는데,

마지막인 듯 화려한 불꽃놀이가 끝나고 거짓말처럼 까만 하늘만 남았어요.

방금 본 요란 승천하는 불꽃들은 기억에서 가물대기만 하고,

새까만 하늘에 작은 별 서너 개가 하도 보일 듯 말 듯해서,

저게 별일까, 별이겠지, 제발 별이었으면, 생각하던 기억만 떠올라요.

그래서 이렇게 세월이 흘러 다시 불꽃놀이를 보게 되면요,

저는 기분이 좋아지기는커녕 오히려 무서워져요.

새빨간 거짓말이 아니라,

새까만 거짓말에 모든 게 묻힐까 봐요.

새까만 밤을 건너는 어제와 내일이,

그 사이가 너무 무서워요.

맞아요, 늘 이쪽에서 저쪽으로 넘어가는 건 힘든 일이에요.

항상 경계를 넘나드는 건 으르렁대는 늑대의 울음처럼

깊은 마음속이 소란스러운 일이었어요.

그런데요, 매번 저 태양이 내게로 넘어오는 건지,

아니면 내게서 떠나가는 건지는 알 수 없잖아요.

어릴 때는 그랬어요.

마음속 으르렁 소리에 지레 겁먹고 이불만 뒤집어썼어요.

이제는 시간이 아깝다는 생각이 더 커졌어요.

까짓것 저 태양이 내게서 떠나면 어때요?

시시각각 다른 모습을 보여 주는 달님이 나를 따라다닐 텐데요, 뭐!

어차피 앞으로는 뭐가 진짜고 가짜인지 알 수 없는 세상이 펼쳐진대요.

그냥 이렇게 생각하기로 해요, 우리.

나만 그런 것도 아니고,

당신만 그런 것도 아니고,

우리만 그런 것도 아니니까,

다시 힘을 내 보는 거예요.

지금 내 모습이 가짜일 수도 있으니까

진짜를 찾아 다시 일어서자고 마음먹기로 해요!

제발, 부디 다시 일어서기로 해요!

그래서 샬럿타운에서 멀리 본 불꽃놀이는 새로운 변화의 시작이에요.

캐나다

아동 학대 신고로 촉발된 기러기 아빠 생활이지만,

솔직히 대한민국 중고등학교를 생각할 때 주저할 이유가 없었어요.

지금까지 '우리들의 학교'라고 명명하며 이야기했지만,
사실 학교 부활은 초등학교에 한정된 이야기라고 고백해요.
대한민국 중고등학교는 대학교 입시를 먼저 바꾸지 않으면
답을 찾을 수 없다는 걸 교사를 비롯한 어른들이 대부분 알고 있어요.
대학 서열에 기반한 학벌 사회를 혁파하지 않으면
답이 없다는 걸 다 알지만, 어쩔 수 없어서 그냥 살아요.
교육부가 맨날 사교육비를 절감하자며 내세우는 공교육 정책은
이런 전제 조건을 바꾸지 않는 한 학교를 혼란스럽게 만들 뿐이에요.
아이들 성장을 위해 필요한 본질은 변하지 않는데,
맨날 방법론만 휘황찬란 포장해서 우리를 속일 뿐이니까요.
그때마다 사교육은 공교육 학교를 조금씩 갉아먹어서 이제는 뼈대도 없어요.
그런데 말이죠, 이제 대한민국 대학들이 서서히 무너지고 있어요.
아이 낳아 키우기를 포기한 젊은이가 늘면서
대한민국은 전세계 출산율 꼴등 국가가 되었어요.
제가 사는 시골 마을 유치원과 어린이집이 문을 닫기 시작했고,

우리 학교는 폐교로 지정될 위기에 처해 학부모들이 살려 달라 시위를 시작했어요.
그러니 앞으로 대학에 들어갈 학생 숫자가 점점 줄어들고,
더불어 대학 숫자도 점점 줄어들면서 자연스레 위상이 떨어지고,
인공 지능 사회가 도래해 학벌에 기대지 않아도
자기만의 소질과 능력과 열정을 생생히 드러내 보일 수 있는 새로운 세대가 등장할 때까지는 그래도 어쩔 수가 없어서 그냥 살아 내야 해요.
그런데요, 지구 반대편에 있는 선생님이 말씀하신 북유럽 국가나 캐나다는
이미 예전부터 학벌 사회를 거부하고 다양한 삶의 방식을 인정하며 살아요.
캐나다에는 한국 같은 입시가 없어요.
한국 학제로 말하면 고등학교 이삼 학년 때 조금만 신경 쓰면,
캐나다에 있는 웬만한 대학교는 큰 어려움 없이 입학할 수 있어요.
물론 졸업은 달라요.
토론토 대학교에 입학한다는 말은 많이 듣지만,
졸업한 한국 청년을 만나기는 사실 좀 쉽지 않아요.

물론 선진국 백인 사회에도 자기들만의 리그가 있다는 걸 알아요.

캐나다 백인 부모도 '괴물 학부모'처럼 자식을 소유물처럼 다루기도 해요.

그렇지만 적어도 우리처럼 모두 그렇게 살려고 하지는 않아요.

우리처럼 대학을 위해 모두 100미터 육상 선수처럼 10대를 보내지는 않아요.

길에서 만난 개들이 짖는 걸 본 적 없어요.

도서관에서는 남 눈치 보지 않고 음식을 먹으며 책을 볼 수 있고,

아이들이랑 노래 부르며 가벼운 활동을 해도 누구 하나 뭐라 하지 않아요.

수영장에서는 다이빙하며 놀라고 일부러 한쪽에 수심을 깊게 해 놔요.

초등학교 체육 시간에는 지루한 반복 훈련을 훼방하는 장난꾸러기도 없어요.

일상적으로 만나는 캐나다 사람 입에서는 '고마워요'와 '미안해요'가 가득해요.

물론 캐나다도 노숙자가 점점 늘어나고,

마약에 취해 길거리에 쓰러져 있는 사람도 가끔 보여요.

어차피 인간 세상에 완벽한 시스템은 불가능하다는 걸 알아요.

그래도 조금 더 인간적인 세상을 위해 노력할 수 있다는 것도 알아요.

그리고 처음은 두려워 선뜻 도전하기 힘든 것도 알아요.

그래서, 그러니까, 새로운 선택을 위한 진짜 용기가 이제는 절실해요.

끝, 그리고 새로운 시작

선생님, 캐나다 국기가 어떤 모양인지 아시지요?

단풍나무 잎 하나가 덩그러니 그려진 단풍국, 캐나다.

그 아름다운 단풍잎이 모두 떨어지고 마지막 남은 잎새만 몸부림치고 있어요.

한국 달력을 들춰 보니 오늘이 입동이에요.

캐나다에 들어온 지 오늘로 정확하게 8개월이 되었어요.

이곳에서 제가 가장 열심히 한 일은 집 둘레 호숫가 산책이었어요.

수양버들을 지나 작은 다리를 건너면

야트막한 언덕이 나와요.

언덕 낮은 곳 기이하게 생긴 커다란 나무 한 그루

아래에 벤치가 있는데,
그곳에 앉아 가만히 연두 초록 들판을
아무 생각 없이 바라보는 게 제일 좋았어요!
그렇게 뭘 기다리는 사람처럼 무심하게 보내는 시간 속에서
무기력과 우울감에 빠져 지내던 제 마음은 몰라보게 치유되었어요.
그리고 선생님이랑 편지를 나누며 잊지 않아야 할 본질이 분명해졌어요.
선생님의 날카로운 통찰력이 저의 무모한 도전 정신에 열정의 불을 질렀어요.
이제 한 달이 지나면 저는 다시 제가 살던 시골 마을로 돌아갈 거예요.
폐교 대상 학교로 지정될 위기에 처한 우리 학교가 버틸 수 있는 그날까지,
저는 더욱 신나게 아이들을 만날 거고, 더 다양한 생명들을 가꿀 거예요.
어쩌면 이 편지가 당분간 선생님께 드리는 마지막 편지가 될지도 모르겠어요.
제가 나무 밑 벤치에서 기다린 건 선생님이 아니었나 싶어요.
한국에서 직접 만날게요.
그때까지 몸도 마음도 영혼도 건강하세요.

가르친다는 건 (   ) 것

보낸사람 권이근

받는사람 곽노근

2024년 12월 8일 (일)

이근이 형에게.

죽음

　형 아버지가 돌아가신 부고, 그래서 일찍 귀국하게 된 이야기를 전해 듣고는 그날 바로 형에게 달려갔지요. 아버지가 수술로 잘 회복하고 계셨는데 갑자기 찾아온 패혈증은 끝끝내 아버지를 하늘로 보내셨어요. 갑작스러운 상황에 형 마음이 얼마나 황망했을까요. 옆에서 듣는 저도 그런데 형은 오죽했을까요. 형 아버지 연세가 제 아버지랑 별로 차이 나지 않다고 해서 저도 불안해졌어요. 죽음은 힘들고 불편하고 황망하고, 동시에 늘 우리 곁에 있다는 걸 새삼 느꼈어요. 부디 형 마음, 잘 추스르시기를 바라고, 아버님의 영원한 안식을 위해 기도할게요.

　우리 앞에는 또 다른 죽음이 그늘을 드리웠어요. 형이 마지막이라고 보낸 지난 편지에서 이야기한 인천 특수 교사의 죽음. 작년 서이초 선생님 이후(아니 그전에도!) 멈추지 않던 죽음들이 그래도 조금 진정되는가 싶더니만, 안타까운 일은 또 일어났어요. 인천 특수 교사, 고 김동욱 선생님은 무엇이 그리 힘들어 스스로 목숨을 내던지셨을까요.

조금이나마 그분 상황을 살펴볼게요. 주당 29시간 수업. 저는 깜짝 놀랐어요. 주당 29시간 수업이 말이 되나요. 초등학교 교사는 평균 수업 시수가 21.1시간이에요. 제가 기간제 교사를 처음 시작할 때 전담 수업으로 24시간을 맡았는데, 주위 사람들이 다들 놀랐어요. 수업 시수가 너무 많다고요. 저는 그 뒤로 주당 24시간을 넘어 수업하는 분은 주위에서 보지 못했어요. 주당 29시간이면 어떤 수준일까요. 매일 아침 9시부터 오후 2시 40분까지 전혀 못 쉬고 수업만 해야 해요. 수업이 끝나도 아이들은 바로 안 가는데다 뒷정리도 해야 하니까 사실상 3시까지 쉬지 못하고 수업만 한다고 생각해도 돼요.

학교 밖 분들은 이렇게 생각할지도 몰라요. 아니, 수업 중간에 10분씩 쉬는 시간도 있고 점심시간도 있지 않으냐. 학교에서 쉬는 시간 10분과 점심시간은 휴식 시간이 아니에요. 실제로 학교는 점심시간을 업무 시간에 넣어요. 쉬는 시간에 아이들은 가만히 있지 않으니까요. 선생님에게 끊임없이 질문하고 관심을 보이는 모습이 때로 행복하기도 하지만, 그사이 교사가 누려야 할 휴식권은 어쨌든 날아가지요. 관심을 보이고 때로 귀찮게 구는 정도라면 그래도 괜찮아요. 그냥 넘길 수 있고 즐겁기도 하니까요.

아이들은 그때 꼭 싸우고 문제 행동을 보이거든요. 교사는 다툼을 중재하는 데 온 시간을 쏟아야 하고요. 아이들 다툼이 학부모 민원에서 가장 큰 몫을 차지하기 때문에 쉽게 넘길 수 없어요. 중간에 전담 시간 등으로 수업 없는 시간이 보장되지 않으면 탈진할지도 몰라요. 형도 아시겠지만 수업이 연속으로 붙어 있을 때는 화장실 갈 틈도 잘 없잖아요. 주당 29시간이면 김동욱 선생님은 수업만 하는데도 온몸에 힘이 빠져나갔겠지요.

이렇게 살인적인 수업 시수가 나온 데에는 다른 이유가 있어요. 특수 학급 법정 정원인 6명을 훌쩍 넘은 8명을 맡아 가르쳤어요. 특수교육법상 초등학교 특수 학급은 한 반 정원이 6명이에요. 그런데 왜 8명을 맡았을까요? 학기 초에는 6명으로 시작했지만 아이들이 전학 오면서 8명이 되었어요. 8명 중에는 중증 장애 학생도 4명이 있었고요. 김동욱 선생님은 학생들에게 맞고 터지고 하는 일이 다반사였어요. 허리를 다치고 얼굴도 맞은 기록이 보건 상담일지에 고스란히 적혀 있지요. 법정 정원보다 학생이 많다 보니 수업 시수가 늘어날 수밖에 없었고요.

여기서 짚어야 할 문제는 이렇게 된 책임이 장애 학생이나 학부모에게 있지 않다는 점이에요. 누구나 기본권으로서 교육받을 권리가 있고, 장애 학생도(중증 장애 학생도!) 예외는 아니에요. 전학을 오거나 가는 선택도 마찬가지고요. 장애 학생을 전학 오지 못하게 하기 전에 가르칠 사람을 더 보내야 하지요. 아이들이 충분히 배울 수 있게, 가르치는 사람이 충분히 가르칠 수 있게.

법정 정원을 넘어서면 재빠르게 특수 학급을 하나 더 만들고 특수 교사도 한 명 더 배치하면 되는데, 교육 행정 당국은 그렇게 하지 않았어요. 그 학교는 이미 그 전해에 특수 교육 대상 학생이 7명이어서 특수 교사 2명이 2개 특수 학급을 맡아 가르쳤어요. 시설도 다 갖추고 있었고요. 새로 보낼 특수 교사가 없냐 하면 그렇지도 않아요. 바로 발령을 낼 수 있는 기간제 특수 교사가 90여 명이나 되었어요. 그러나 '3명 이상인 특수 학급에만 기간제 교사를 배정한다'는 자체 기준 때문에 보내지 않았어요. 인천시교육청은 특수 교사를 새로 뽑거나 발령 내는 대신에 보조 인력 3명을 지원했어요.

보조 인력은 또 뭔가 싶고, 어쨌든 세 명이면 지원이 많지 않냐고 할 수도 있겠어요. 그런데 또 그렇지도 않아요. 일단 채용 공고부터 관리까지 모든 과정을 다 특수 교사 한 사람(고 김동욱 선생님)이 맡아서 해야 해요. 교육청에서는 돈만 지원해요. 가뜩이나 일이 차고 넘친 김동욱 선생님은 그 학교에서 공문 생산량 1위를 차지할 만큼 정말 많은 일을 했어요. 김동욱 선생님은 직접 가르치는 8명 말고도 '완전 통합'으로 각 반에서 온전히 생활하는 아이들도 여러 명 관리했어요. 특수 교육에 조금이라도 관련된 공문은 모두 김동욱 선생님한테 배정됐지요. 수업도 차고 넘치고 일도 차고 넘치는 김동욱 선생님은 이제 보조 인력 채용 관리 업무까지 떠맡게 된 셈이에요.

게다가 보조 인력은 특수 교육에 관련해 전문적인 교육을 받은 분들이 아니에요. 물론 열심히 하시는 분들도 있어요. 그러나 열심히 한다고 해결될 일이 아니에요. 성실한 개인에게 기대야 할 만큼 불완전하고 구조적인 문제에요. 법적으로 보조 인력은 주 15시간만 근무해야 해요. 하루 3시간 정도만 근무하니 그만큼 책임감이 적을 수밖에 없어요. 아무도 없을 때보다는 이분들이라도 있어서 도움이야 됐겠지만, 김동욱 선생님은 특수 교사 1명이 더 간절했겠지요.

정리할까요. 수업 시수가 이 학교에서 가장 많아요. 행정 업무가 이 학교에서 가장 많아요. 가르치는 학생에게 맞기도 하고 다치기도 해요. 너무 힘들어 교육청에 도움을 요청해도 '알아서 하라'는 답변뿐이에요. 점점 몸도 마음도 사그라들었겠지요. 어디 하나 기댈 곳이 없어요. 그나마 아이들을 생각하며 책임감 하나로 버텼어요. 주변에서 병가 쓰고 좀 쉬라고 말하자 김동욱 선생님은 대답했어요.

"그럼 우리 애들 어떡해."

그런데 쌓이고 쌓이다 보니 이제 정말 더는 참기 힘들어져요. 순간 모두 다 놓고 싶지 않았을까요.

솔직히 저는 공감이 되지는 않아요. 얼마나 힘들면 그렇게 삶을 놓을 수 있을까요. 저라면 도망쳤어요. 덜 힘들고 싶으니까요. 무책임하게 병 휴직 쓰고 도망쳤어요. 그런데 김동욱 선생님은 끝까지 아이들을 생각하면서 책임감 때문에 아무것도 놓지 않았어요. 꾸역꾸역 버텼어요. 버티고 또 버텼어요. 그러다 번 아웃이 왔고, 한순간 생을 마감했어요.

꿈

《문화방송》〈탐사기획 스트레이트〉에서 방영한 '선생님이 또 죽었다'(제275회)를 봤어요. 겨우 4년 차 교사였어요. 김동욱 선생님은 밝은 모습이었어요. 항상 웃고 있었고, 웃는 모습이 정말 예쁜 사람이었어요. 아이들을 위해 노래를 부르고 학교 건물 옥상에 아이들 정서 발달에 도움이 될 텃밭을 만든 김동욱 선생님은 분명 아무 생각 없이 교사가 된 사람은 아닌 듯했어요. 그저 안정된 직업이니까 이 직업을 선택한 사람처럼 보이지는 않았지요.

《교육방송(EBS)》다큐멘터리 〈우리는 선생님입니다〉의 '1부 — 선생님을 위한 나라는 없다'를 봤어요. 서이초 박인혜 선생님 모습도 항상 밝았어요. 앳된 모습 속에 감추어지지 않는 박인혜 선생님의 순수함과 열정을 보고 있노라면 마음이 아려요. 교실 한 귀퉁이를 아기자기하게 꾸며 놓고 아이들 마음을 어루만지려고 '마음 해결소'를 만든 사람이, 1년 교육 과정을 모두 마치고 학부모들에게 진심 뚝뚝 묻어나는 감사 손 편지를 쓰는 사람이, 그냥 교사가 되지는 않았을 거예요.

꿈이 있었겠지요. 귀엽고 사랑스러운 아이들을 꼭 안아 주는 꿈, 힘들 때 도닥이고 위로하며 아이들 마음을 어루만지는 꿈, 성장하는 아이들을 보며 함께 성장하는 꿈, 귀엽고 사랑스러운 아이들 때문에 어쩔 줄 모르며 설레는 꿈, 열심히 준비해 가르칠 때 재미있어 하고 좋아하는 아이들을 보며 뿌듯해하는 꿈.

그런 선생님들한테서 무엇이 웃음을 앗아 갔을까요. 어떤 사람들이 꿈을 빼앗아 갔을까요. 설레는 꿈을 안고 첫 학교에 출근한 선생님들은 도대체 무엇 때문에 짧은 삶을 정리하고 싶을 만큼 내몰린 걸까요.

의미

예전 편지에서 형에게 전한 말들을 정리하는 수준이지만, 그 선생님들을 죽음으로 몰아간 실체는 이래요.

첫째, 가까운 곳에서 보면 괴물 학부모이고 먼 곳에서 보면 천민자본주의예요. 공동체보다는 자기 이익을 더 중요시하는 천민자본주의, 그래서 내 새끼만 생각하는 '내 새끼 지상주의'라는 문제. 너무 큰 문제들이라서 짧은 시간에 해결할 수 없어요. 넓고 크게, 그리고 오랜 세월에 걸쳐 저항하고 싸우며 서서히 변화시킬 수밖에요.

둘째, 교사를 보호할 수 있는 시스템과 법, 문화가 없어요. '괴물 학부모' 앞에서 서이초 박인혜 선생님은 아무 도움도 받지 못한 채 바스러졌어요. 학교가 하는 중재는 별 도움이 되지 않았어요. 아니, 애초에 지나친 요구나 간섭을 거르는 시스템만 있어도 박인혜 선생님이 그렇게 무너졌을까요.

인천 학산초 김동욱 선생님도 고된 수업과 업무에 치이는 상황에서 어디 하나 하소연할 곳이 없었어요. 교육청은 철저히 외면했어요. 죽음 문턱 앞에 설 때조차 어디에서도 보호받을 수 없었어요. '교권 5법'이 통과된 뒤에도 학교 현장은 변화를 별로 느끼지 못해요. 한국교원단체총연합회가 전국 유치원, 초등학교, 중학교, 고등학교, 대학교 교원 1만

1320명을 대상으로 실시한 설문 조사에서 응답자 중 67.5퍼센트는 '교권 5법'을 개정하고 시행한 뒤 교육 활동 보호 면에서 변화를 느끼지 못한다고 답했어요.

이런 현실 앞에서 교사들은 있던 열정도 꺼트리고 무기력해지는 게 당연해요. 처음에는 보이거나 보이지 않는 외부 압력 때문에 무기력해지다가 이내 스스로 무기력해져요. 내가 이러려고 교사를 하나 싶은 마음에 정말 자괴감도 들어요. 교사가 될 때 품은 첫 마음은 온데간데없이 사라져요. 그저 하루하루 꾸역꾸역 버틸 뿐이죠. 내가 겪은 어려움, 내가 겪은 고단함, 내가 겪은 무기력한 순간들이 서이초 박인혜 선생님과 인천 김동욱 선생님 모습에 겹쳐 우울해져요. 어찌 안 그러겠어요.

그런 마음들이야 충분히 공감하죠. 저도 아픈 순간들이 떠오르면서 때로 두려워지니까요. 그때처럼 힘든 상황을 다시 마주하지 않는다고 장담할 수 없으니까요. 게다가 서이초 사태 이후에도 여전히 주변에서 들려오는 어처구니없는 일들을 보고 있으면 화나고 슬퍼서 어쩔 줄 모르겠어요.

그렇지만 이럴 때일수록 우리는 더 단단해져야 해요. 언제까지 무기력에 빠져 있을 수 없어요. 생각해야만 해요. 우리가 교사가 된 이유를, 우리가 하는 일이 지닌 '의미'를.

지금 같은 상황을 견디지 못하겠고, 이 일이 무슨 의미가 있는지도 모르겠는, 다만 경제적 이유만 남아 꾸역꾸역 학교에 다니는 교사라면, 이 일을 그만두는 편이 맞다고 생각해요. 여기에서 저는 '의미'가 중요하다고 봐요. 무슨 힘든 일을 겪었든, 다른 교사들이 힘들어하는 모습을 보면서 힘든 마음이 옮았든, 내가 하는 일에 쥐꼬리만큼이라도 의미를 두고 있는 교사라면 그만두라는 말 따위는 하지 않아요. 그런 말들은 상처가 될 수 있어요. 조심해야 해요.

그러나 애초부터 아이들을 가르친다는 것이 어떤 의미가 있는지 고민하지 않은 채 교사가 되어, 지금 벌어지는 '교권 붕괴 사태'를 자기 정당화의 연료로 삼아 비판을 위한 비판만 일삼으면서, 자기가 저지르는 직무 유기(아이들을 제대로 가르치지 않기!)가 마치 그럴듯한 이유라도 있는 양 행동하는 사람들이 분명히 있다고 저는 생각해요. 그런 사람은 핑계 대지 말고 얼른 교사를 그만두어야 마땅해요. 저는 교사관 중 '성직자관'을 그렇게 좋아하지 않지만, 아이들 가르치는 직업은 아무 생각 없이 해서는 안 되는 일이 분명해요.

그런 사람들을 제외하고 지금 교실에서 힘겹게 가르치며 살아가는 많은 교사들은 우리가 하는 일이 지닌 '의미'를 다시금 생각해야 해요. 거듭 말하지만, 더 단단해지기 위해서. 우리가 하는 일, 곧 가르치는 일이 지닌 '의미'는 무엇일까요.

저는 가끔, 아주 가끔이지만, 우리나라에 희망이 없다고 생각해요. 나랑 생각이 다른 이들을 존중하지 않는 사회, 다수가 하는 생각하고 다르다는 이유로 소수를 억압하는 사회, 사회적 소수자를 차별하면서도 차별하는지도 모르는 사회, 이런 사회에 희망이 있을까 생각하면서 한없이 우울해하거나 패배주의적 감성에 젖을 때가 있어요. 물론 이내 곧 정신 차리고 균형을 찾아가지만요. 분명 더 나아진 것도, 발전한 것도, 성숙해진 것도 많다는 걸 알아요. 그런데 그렇게 가슴에 턱 한 번씩 걸려요.

그렇게 걸릴 때마다 생각해요. '이 문제는 어디부터 풀어야 하지?' 투쟁해야 하나. 사회운동을 해야 하나. 시민 단체에 가입해야 하나. 역사를 보면 분명 변화는 일어나요. 기본권을 확보하려는 처절한 저항을 보면서 변화란 그냥 일어나지 않는다는 사실을 깨닫고 숙연해져요. 더불어 이런 생각도 해요. '나는 못 하겠구나.' 제가 할 수 있는 일이 아니라고 깨달아요. '점' 하나로 참여할 수는 있겠지만요.

그러면서 이 사회가 변화하는 데 조금이나마 기여하고 싶은 욕구가 생겨요. 시민운동가나 활동가로 살지는 못하더라도 이 사회를 위해 제가 할 수 있는 아주 사소한 일이라도 해 보자. 그러면서 두 가지를 생각했어요. 하나는 제 알량한 자존을 한껏 부풀어 오르게 할 수 있는 몇 푼 안 되는 '기부'였고, 다른 하나는 '의미 있는 활동'이었어요. 겨울에 추위에

떠는 사람들을 위해 연탄 나르기 봉사를 해 볼까, 노숙인 배식 봉사를 해 볼까. 그러다 문득 이런 생각이 뭔가 모순처럼 느껴졌어요. 저는 왜 사회에 기여할 수 있는 일을 굳이 바깥에서 찾으려 했을까요. 제가 하는 일 자체가 이 사회에 기여하는 최고의 일이었는데요. 아이들 가르치는 일, 이 일만큼 뜻깊고 의미 있는 일이 또 있을까 하는 생각이 들었어요.

가르친다는 건

대안 학교인 간디학교 교가로 알려진 〈꿈꾸지 않으면〉이라는 노래를 저는 좋아해요. 후렴구에 이런 대목이 나와요.

'배운다는 건 꿈을 꾸는 것/ 가르친다는 건 희망을 노래하는 것.'

배우고 가르친다는 것이 무슨 의미인지 이 노래를 들으면서 다시금 되새겨요. 배우고 가르친다는 것은 희망을 노래하는 일이에요. 가끔 대한민국이 더는 변하지 않을 듯한 답답함에 가슴이 턱 막힐 때 아이들을 생각해요. 이미 굳어질 대로 굳어지고 세상 때 가득 묻어 전혀 변할 기미가 안 보이는 어른들이랑 다르게 아이들은 보들보들하고 야들야들해요. 어른들이 이리 만지고 저리 만져서 때가 조금씩은 꼈지만, 뭐 아직은 괜찮아요. 가르치고 배우면서 그 더러운 때는 떼어 낼 수 있어요. 아직 아이들이랑은 희망을 노래할 수 있어요.

제가 지나치게 희망적이고 감상적이라고 생각할 수도 있어요. 아이들이 그렇게 순진하고 착하기만 하지는 않다고 얘기할 수도 있어요. 10년 넘게 교사로 일하면서 아이들을 만난 제가 왜 모르겠어요. 훈육이 아직 제대로 되어 있지 않은 아이들, 옳고 그름을 잘 모르는 아이들, 알아도 몸이 따라 주지 않아 나쁜 짓을 저지르는 아이들. 숱하게 보고 들었지요. 워낙 자주 보고 듣다 보면 사람은 본성이 본래 악한 존재가 아닐까 하는 생각까지 들어요.

그 아이들이 태어날 때부터 그렇게 악했을까요? 못된 짓 하는 마음을 타고났을까요? 저는 아니라고 봐요. 부모가 지닌 '때'가 아이에게 고스란히 옮겨 간다고 저는 생각해요. 때리는 부모 밑에서 때리는 아이가 생기고, 욕하는 부모 밑에서 욕하는 아이가 생겨요. 아이는 귀신같이 따라 해서 어느새 폭력도 욕도 자기 것처럼 해요.

그 아이들이 성인이 될 때까지 부모가 지닌 더러운 때를 계속 물려받으면 어떻게 될까요. 그냥 똑같이 더러운 때를 덕지덕지 달고 다니는 어른이 되는 거지요. 그렇지만 다행스럽게도 아이들은 부모만 만나지 않아요. 학교에 와서 꽤 많은 시간을 바로 우리 교사들을 만나면서 배워요. 혹시 부모가 지닌 때를 물려받은 아이라면, 어쩌면 이 시간이 그 때를 벗길 유일한 시간일지도 몰라요, 교사인 저랑 만나는 시간이! 그렇기 때문에 교사인 저는 이 만남을 소중히 여기고 적어도 아이들 몸에 때를 더하지는 말아야 해요. 패배적 감상주의에 젖어 아이들에게 함부로 하지는 않아야 해요.

이근이 형, 우리가 함께 쓴 지난 편지들을 되돌아보면 대부분 '무기력 교사'를 다루었어요. 무기력한 교사가 지닌 아픔과 상처에 집중했죠. 그리고 왜 우리가 그렇게 무기력해질 수밖에 없었는지를요.

그러나 무기력하게만 머물기에는 우리가 하는 이 일이 정말 가치 있는 일이라서 어떻게든 힘을 다시 내야 해요. 상처에 허덕이는 선생님에게 얼마간 폭력적으로 들릴 수 있겠지만, 저는 조심스럽게 힘내라고 말하고 싶어요. 그리고 조용히 손 내밀고 싶어요. 마지막 순간까지 아이들의 성장을 포기하지 않은, 우리 곁을 떠난 선생님들의 숭고한 죽음을 헛되지 않게 할래요.

계엄과 희망

형, 사실 글을 마무리하려다 도저히 가만 있을 수 없어서 덧붙여요. 글을 쓰고 있는 지금 12월 8일, 대한민국은 비상

계엄 사태로 몸살을 앓고 있어요. 있을 수 없는 일이 벌어졌어요. 피 흘리며 쌓아 올린 역사가 한순간에 무너질 뻔했어요. 되돌려야 해요.

이근이 형, 지금 저는 너무 절망적이에요. 저런 못난 대통령, 반민주 대통령 하나 바로 끌어내리지 못하는 현실이요. 이런 현실에서도 '희망'을 가져야 할까요? 우리에게 '희망'은 있는 걸까요?

그러나 '희망'을 꺾기에는 아직 너무 일러요. 얼마 있어 다시 찾아올 '국회의 시간'에서 민주주의는 다시 힘을 찾으리라 생각해요. 그렇게 믿어요! 우리가 지금껏 쌓아 올린 역사가 그렇게 허약하지 않아요.

혹시 안 될 수도 있겠죠. 정말, 혹시, 몰라요. 민주주의가 무너지고 반민주 대통령이 복귀해 다시 한 번 계엄을 시도할 수도 있겠죠. 가장 나쁘면 언론, 출판, 표현의 자유가 제한될지도 몰라요. 형과 제가 쓴 이 편지들이 세상에 빛을 보지 못하고 갈기갈기 찢어질지도 몰라요.

형, 잿빛 가득한 어둡고 우울할, 혹시 모를 그 시대에도 간디학교 교가처럼 저는 절망하지 않고 희망을 노래할래요. 저는 교사예요. 교사는 가르치는 사람이에요. '가르친다는 건 희망을 노래하는 거'니까, 저는 희망을 노래할래요. 형과 제가 쓴 편지들이 그 희망에 한 줄기나마 빛이 될 수 있기를 바라고 또 바라요.

    폐교 위기에 몰린 학교로 다시 돌아간다는 2025년에 형이 맞이할 복직 생활에도 그 빛이 환하게 비추기를 기도해요. 언젠가 다시 형이랑 이렇게 편지를 주고받게 될 그 순간에는 부디 희망의 노래가 가득하기를 간절히 바라고 또 바라요.

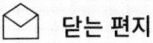 닫는 편지

미지의 그대에게

나부끼는 깃발 아래서 터질 듯한 목청 위로
당신을 향한 독설이 넘쳐 제 마음은 울렁대요.
아무 일도 일어나지 않았건만
세상은 왜 이토록 혼란스러운 걸까요?
더 무서운 건 어느 쪽으로 세상이 기울어지든
그곳에서도 상대를 향한 앙갚음이
되풀이될 것 같다는 생각을 지울 수 없다는 거예요.
내가 옳다고 믿는 신념과 그것을 위한 용기가
어떤 이에게는 폭력을 불러일으키는 이유가 된다는
우리 모습 때문에 머리가 핑 돌아 어지러워요.

그런데 다른 한편으로 정말 신기하기도 해요.
이런 세상에서도 진짜 아무 일도 일어나지 않은 것처럼
아무렇지 않게 우리는 지금까지 하던 일을 하고 살아요.
제가 자율연수 휴직을 마치고 다시 학교에 복직한 것처럼요.

아버지가 돌아가신 지금도 늘 옆에 계신 듯 아빠를 부르고,
매일 똑같은 태양이 하늘 위로 솟구쳐 오르는 것처럼
매일 똑같은 아이들이랑 수업하며 웃고 떠들며 놀아요.

하지만 사실은 전혀 똑같지 않다는 걸 우리는 알고 있죠.
어제의 태양과 오늘의 태양은 절대 같을 수 없어요.
그 태양이 솟아오르는 자리도 조금씩 달라지니까요.
아버지는 제 곁에 더는 계시지 않으니까요.
아이들 이야기를 하자면 더 말할 것도 없어요.
저는 복직해서 1학년 때 가르친 아이들을
4학년 담임으로 다시 새롭게 만나게 됐어요.
아, 어떻게 이렇게 몰라보게 아이들이 성장했을까!
특별히 자폐 스펙트럼을 가진 아이가 있는데요,
그 아이가 저를 보자마자 제가 너무 보고 싶어서
개학 전날 잠도 못 잤고, 꿈에도 제가 나왔대요.
1학년 때 이 아이는요, 대화가 거의 불가능할 정도로
자기 세계에만 빠져서 자기 이야기만 하던 아이였죠.
함께하자 해도, 듣지도 쳐다보지도 않았죠.
심지어 자기 뜻대로 되지 않으면요,
때리고, 할퀴고, 꼬집고, 물어뜯고, 찼어요.
참 많이도 때렸고, 저는 많이 맞아 주었어요.

17년 동안 아이들을 제 마음대로 이끈
죗값을 치른다고 생각했거든요.
이게 진짜 진짜 보속이라고 생각했거든요(보속은 가톨릭에서 속죄하는 행위를 말해요).
그런데 그 아이가 저를 보자마자 보고 싶어 잠도 못 잤대요!
저요, 새 학년 첫날 퇴근하고 돌아와서요, 펑펑 울었어요.

제가 그 아이에게 특별히 한 일은 딱 하나 있었어요.
그 아이가 하고 싶은 걸 마음껏 하도록 허락했죠.
저는 그 아이를 '인간 교과서'라고 생각했어요.
저 아이처럼 자신이 원하는 게 확실하다면,
그토록 고집스럽게 뭔가를 붙들고 늘어진다면,
우리 사는 세상은 분명히 달라질 거라고 믿었어요.

그래요, 달라질 거예요!
그런데 마냥 기다리기만 하면 아무것도 달라지지 않아요.
진짜 내가 하고 싶은 걸 찾는 모험을 떠나야만 해요.
불면의 고통을 그냥 견디기만 해서도 달라지지 않아요.
내가 사랑하는 것들을 깊이 알려고 애써야만 해요.
그리고 너무도 익숙한 것들, 너무 낡아서
자꾸 둘레에서 바꾸라고 말하는

일상 속 '육이오 수통'을 찾아내 버려야 해요.
편리한 '에스컬레이터'에서 이제는 그만 내려와서
수고롭지만 내 두 발로 계단을 오르내리며
세상 위에 '우뚝' 서야 해요.
삶의 순간마다 그대 얼굴에 '웃음꽃'이 피어날 거라 믿어요!
당신을 닮은 미지의 그대에게 당신의 편지가 이어질 거예요!

2025년 3월 15일

권이근 올림